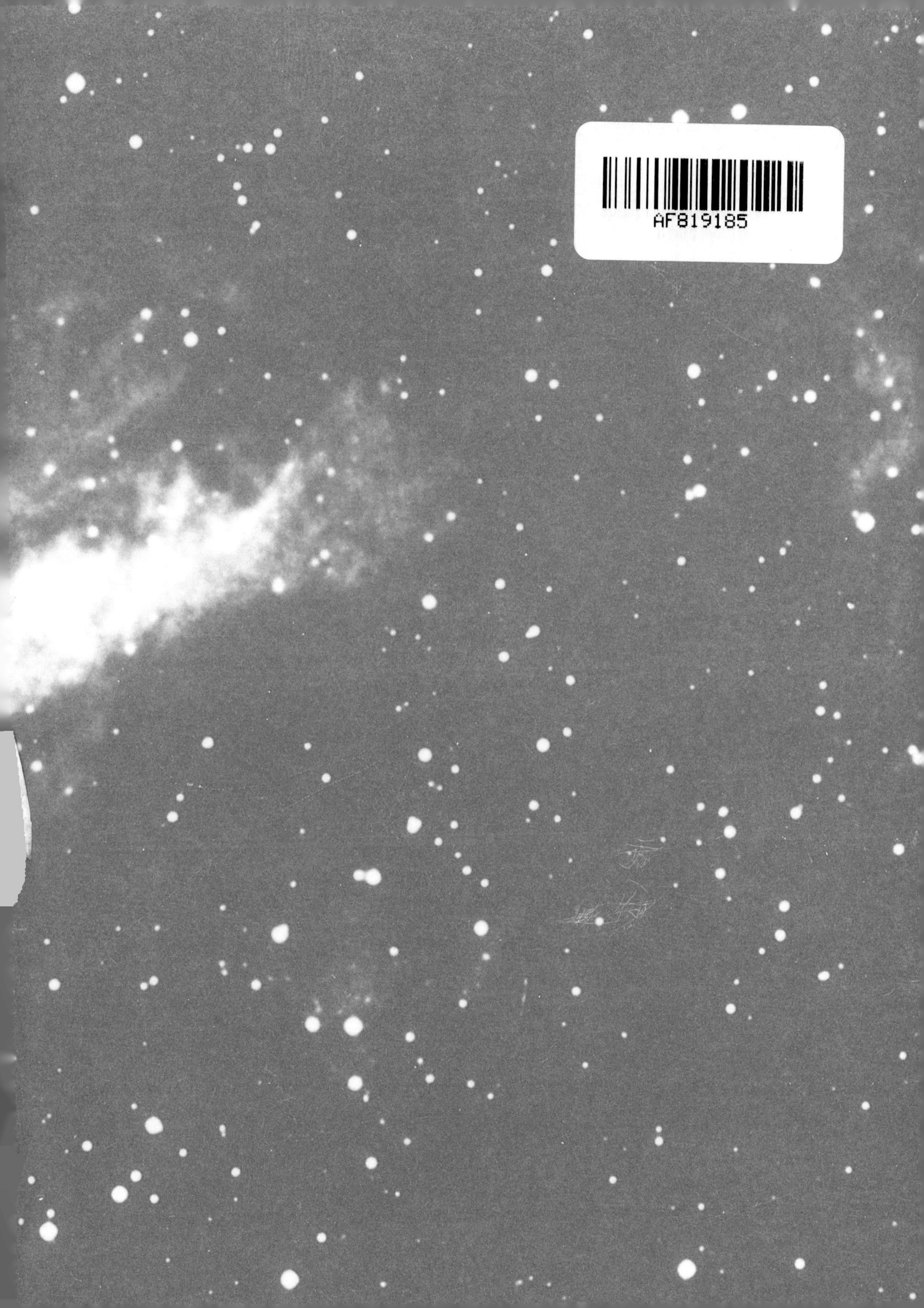

AF819185

ट्विन्कल, ट्विन्कल, लिटिल स्टार!

हमारा अंतरिक्ष

लेखक: टी. पक्षिराजन

चित्रांकन: सुबीर राय

चिल्ड्रन्स बुक ट्रस्ट, नई दिल्ली

चिल्ड्रन्स बुक ट्रस्ट द्वारा आयोजित अंग्रेज़ी बाल साहित्य लेखन प्रतियोगिता के अकथा/ज्ञानवर्धक पुस्तक **वर्ग में ट्विन्कल, ट्विन्कल, लिटिल स्टार! आवर यूनिवर्स** को पुरस्कार मिला था। **ट्विन्कल, ट्विन्कल, लिटिल स्टार! हमारा अंतरिक्ष** इसका हिन्दी अनुवाद है।

सीबीटी द्वारा प्रकाशित लेखक के अन्य शीर्षक हैं: **कॉल ऑफ द ओशिएन, रिमेंबरिंग आवर लीडर्स** शृंखला में 'के. कामराज' और **कलाइडोस्कोप में** लघु-कथा 'द ग्रेट वार'।

TWINKLE, TWINKLE, LITTLE STAR!
HAMARA ANTARIKSH

छायाचित्र: साभार–यूएसआईएस, नई दिल्ली

अनुवाद: सचिन कामरा

© चिल्ड्रन्स बुक ट्रस्ट 2009
पुनर्मुद्रण 2010, 2012, 2015, 2022, 2023.

ISBN 978-93-80076-14-0

सर्वाधिकार सुरक्षित। इस प्रकाशन के किसी भी अंश या पूरे का प्रतिलिपिकरण, ऐसे यंत्र में भंडारण जिससे इसे पुन: प्राप्त किया जा सकता हो या स्थानांतरण, किसी भी रूप में या किसी भी विधि से, इलेक्ट्रॉनिक, यांत्रिक, फोटो-प्रतिलिपि, रिकॉर्डिंग या किसी और ढंग से, प्रकाशन की लिखित पूर्वानुमति के बिना नहीं किया जा सकता।

चिल्ड्रन्स बुक ट्रस्ट, नेहरू हाउस, 4 बहादुरशाह ज़फर मार्ग, नई दिल्ली-110002 द्वारा प्रकाशित एवं न्यास के इंद्रप्रस्थ प्रेस में मुद्रित। दूरभाष: 23316970-74 ई-मेल: cbtnd@cbtnd.com
वेबसाइट: www.childrensbooktrust.com / www.childrensbooktrust.org

ट्विन्कल-ट्विन्कल

ट्विन्कल, ट्विन्कल, लिटिल स्टार!
हाउ आई वन्डर व्हाट यू आर,
अप अब्व द वर्ल्ड सो हाई
लाइक ए डायमंड इन द स्काई!

एक जानी-पहचानी नर्सरी की कविता! शायद ये पहली कविता है जो हर बच्चे को बचपन में सिखाई जाती है। एक छोटा-सा बच्चा जो असंख्य तारों से भरे आकाश की ओर बड़ी उत्सुकता से देखता है, ये छोटी-सी कविता उसकी जिज्ञासा की एक सुंदर अभिव्यक्ति है। बड़ा होने पर बच्चे की ये उत्सुकता भले ही कम हो जाती है, लेकिन उसकी यह जानने की इच्छा अवश्य तीव्र हो जाती है कि ये तारे किस चीज़ के बने हैं, ये हमसे कितनी दूर हैं, किसने इन्हें हमसे इतनी दूरी पर रखा है और इतने लम्बे समय से ये चमक कैसे रहे हैं?

आकाश में एक सुंदर-सा चांद ढेर सारे तारों के बीच चांदी की बनी नाव की तरह तैरता रहता है। एक सूर्य भी है, जो हमें जीवनरूपी प्रकाश देने के अतिरिक्त दिन-भर ऊष्मा प्रदान करता है। अन्य कई

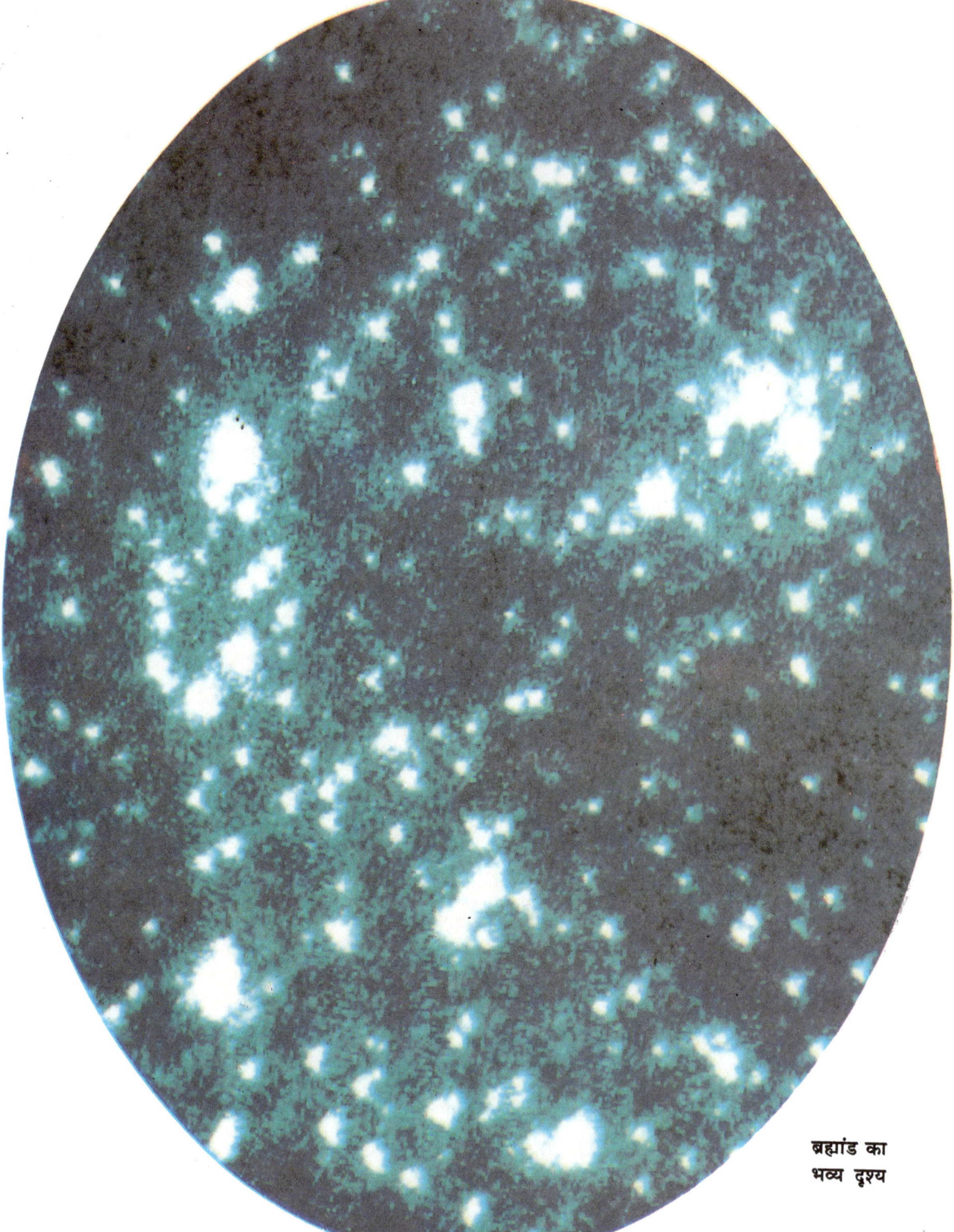

ब्रह्मांड का
भव्य दृश्य

खगोलीय पिंड हैं जैसे-ग्रह, क्षुद्रग्रह, उल्काएं और धूमकेतु। इनके अलावा असंख्य ऐसे पिंड हैं, जो हमें अपनी नग्न आँखों से दिखाई भी नहीं देते, इस विशालकाय और अंधेरे में पड़े खाली क्षेत्र में चक्कर लगा रहे हैं, इस क्षेत्र को 'बाहरी अंतरिक्ष' कहते हैं। बाहरी अंतरिक्ष और इसमें शामिल सभी पिंड आदि मिलकर 'ब्रह्मांड' कहलाता है।

खगोलीय पिंडों और ब्रह्मांड के अध्ययन को 'खगोलशास्त्र' कहा जाता है। सूर्य, चंद्रमा, तारों जैसे खगोलीय गोलों और ब्रह्मांड के विभिन्न पहलुओं के बारे में जानकारियों का अध्ययन करने वाले और अंतरिक्ष के रहस्यों को सुलझाने वाले को 'खगोलशास्त्री' कहते हैं।

खगोलशास्त्र एक अद्भुत विज्ञान है। सन् 1930 में भौतिक-विज्ञान के लिए नोबल पुरस्कार से सम्मानित भारतीय वैज्ञानिक सी.वी. रमण (1888-1970) ने इंडियन एकेडमी ऑफ सांइसेज़ की एक सभा में कहा था "मेरा ऐसा मानना है कि खगोलशास्त्र जैसा विशाल, उन्नत, अत्यधिक रूचिकर विज्ञान कोई नहीं है...मैं सोचता हूं कि जिसने दूरबीन से आकाश की गहराईयों में नहीं देखा, वह व्यक्ति शिक्षित नहीं कहलाया जा सकता क्योंकि वह सृष्टि की सबसे अनोखी चीज़ को देखने से चूक रहा है, वो है ब्रह्मांड, जिसमें वह स्वयं रहता है"।

रात में रोशनी देने वाले रहस्यमय पिंडों को हम तारे कहते हैं, किसी के भी लिए इन्हें देख पाना बहुत आसान है। ये तारे रात में जुगनुओं की तरह चमकते हैं और अपने रहस्यों से हमें चकित करते हैं। दरअसल, तारे न तो 'टिमटिमाते' हैं और न ही 'छोटे' होते हैं; ये तो स्थिरता से निरंतर चमक रहे हैं और आकार में बहुत ही बड़े हैं। तारा क्या है? तारा अत्यधिक गर्म और चमकीली गैसों की एक विशाल गेंद है। इन गैसों में एक बड़ा भाग हाइड्रोजन का है। दूसरी गैस न जलने वाली, प्रकाशमय और रंगहीन है, इसका नाम हीलियम है। इसकी पहचान हाल ही में की गई है। हाइड्रोजन सबसे महत्त्वपूर्ण ईंधन है जो जलकर ऊर्जा पैदा करता है, ठीक उसी तरह जैसे परमाणु ऊर्जा बनती है, इसमें ऊर्जा को प्रकाश और ऊष्मा के रूप में विकिरण किया जाता है। निश्चित रूप से तारों में अन्य रसायनिक तत्त्व जैसे-नाइट्रोजन ऑक्सीजन, आयरन, निकल और जिंक भी होते हैं।

तारा अत्यधिक गर्म और चमकीली गैसों की एक विशाल गेंद है।

इस आकाश में असंख्य तारे हैं। हालांकि, ये सब लाखों-करोड़ों

किलोमीटर की दूरी पर स्थित हैं; पर फिर भी आकार में ये लगभग समान दिखाई पड़ते हैं; इनके प्रकाश को लम्बी दूरियां तय करने के साथ-साथ पृथ्वी के वायुमंडल की कई परतों से हो कर गुज़रना पड़ता है। इन परतों से टकराकर प्रकाश की किरणें टूटती-मुड़ती रहती हैं, इसीलिए हमें तारे 'टिमटिमाते' हुए नज़र आते हैं। सूर्य की तरह तारों की गर्मी को हम अनुभव नहीं कर पाते, परंतु तारों की चमक हमें स्पष्ट दिखाई पड़ती है।

तारों के प्रकाश को पृथ्वी के वायुमंडल की परतों से हो कर गुज़रना पड़ता है, इसीलिए वे 'टिमटिमाते' दिखाई पड़ते हैं।

आप जब रात में आकाश की ओर देखते हो तो तारे, एक काले फर्श पर बिखरे और झिलमिल करते हुए हीरों की तरह तितर-बितर नज़र आते हैं। कुछ दो, तीन या चार के छोटे समूहों में दिखाई देते हैं तो कुछ बड़े तारों के भी कुछ गुच्छे देखे जा सकते हैं और कुछ माला, छल्लों, प्रवेश-द्वार आदि के रूप में दिखाई पड़ते हैं, तो कुछ तारे लम्बी कतारों में भी लगे नज़र आते हैं।

तारों के रंगों में भी विविधताएं होती हैं जैसे-लाल, पीला, नीला, सफेद, हरा और बैंगनी, जो दृश्य को और भी रंगीन और मनमोहक बना देते हैं। इस प्रकार ग्रहों और तारों की दुनिया कई अद्भुत नज़ारों और अविश्वसनीय चीज़ों से भरी है। आइये, ब्रह्मांड की इस अनोखी दुनिया की सैर पर चलें।

एक बड़ा रहस्य

रात एकदम साफ, शांत और ठंडी है। आज चंद्रमा भी नहीं है। एक आश्चर्यजनक धुंधली रोशनी आकाश के विशाल फलक पर फैली है। ऐसा लगता है, मानो किसी ने आकाश में दूध बिखेर दिया हो। चपटी डिस्क के आकार में हल्की और अस्पष्ट-सी रोशनी की ये धुंधली धारी 'मिल्की-वे' है। इसे आकाशगंगा भी कहा जाता है। धूल और गैस के घने बादलों से घिरी असंख्य तारों की ये मिली-जुली चमक आकाश में प्रदीप्त हो रही है। एक प्रसिद्ध अमेरिकी खगोलशास्त्री हारलो शेपले (1885-1972) के अनुसार आकाशगंगा आँखों से दिखाई देने वाला एक प्रकाशीय तथ्य है।

लाखों मीलों तक फैला तारों और ग्रहों का विशाल समूह गैलेक्सी या आकाशगंगा है।

लाखों मीलों तक फैला तारों और ग्रहों का ये विशाल समूह आकाशगंगा अर्थात् 'गैलेक्सी' है। गैलेक्सी को ही आकाशगंगा कहते हैं। बहुत समय पहले से ये मनुष्य के लिए आकर्षण का विषय रही हैं। हमारे ब्रह्मांड में ऐसी लाखों गैलेक्सियां हैं। हमारा सूर्य भी ऐसी ही एक विशाल गैलेक्सी का हिस्सा है, जिसमें 1,00,000 मिलियन यानी 1,00,00,00,00,000 (इसे 10^{11} के रूप में लिखा जा सकता है) तारे शामिल हैं। खगोलशास्त्र में ऐसी बड़ी संख्याएं आती ही हैं और

इसीलिए इन्हें 'खगोलीय-आंकड़ों' के रूप में पारिभाषित किया जाता है। मान लीजिये, आप एक तारे को गिनने में एक सेकेंड का समय लगाते हैं, तो अपनी गैलेक्सी के सभी तारों को आप 2,500 वर्षों में 'आसानी से' गिन सकते हैं! कितनी बड़ी है-हमारी गैलेक्सी? ब्रह्मांड में दूरियां बहुत विशाल हैं, ये इतनी अनंत हैं कि इन्हें हमारी पृथ्वी पर प्रयुक्त गणितीय इकाईयों द्वारा माप पाना संभव नहीं है। तभी इसके लिए एक अलग इकाई सोची गई, ये इकाई है-प्रकाश वर्ष। एक गैलेक्सी की चौड़ाई प्रकाश वर्षों में आंकी गई। ये प्रकाश वर्ष क्या है? मनुष्य के लिए प्रकाश सबसे तेज़ है। प्रकाश की एक किरण एक वर्ष में जितनी दूरी तय करती है, उसे एक 'प्रकाश वर्ष' कहते हैं।

ब्रह्मांड की दूरियों को पृथ्वी पर प्रयुक्त गणितीय इकाईयों द्वारा मापना संभव नहीं है।

डेनमार्क के एक खगोलशास्त्री ओलॉस रोइमर (1644-1710) ने सर्वप्रथम सन् 1676 में प्रकाश की गति की गणना की थी, जो 1,86,000 मील (2,97,600 किलोमीटर) प्रति सेकेंड थी। बाद में, जर्मनी में पैदा हुए एक अमेरिकी भौतिक-विज्ञानी प्रोफेसर एल्बर्ट मिशेल्सन (1852-1931) ने प्रकाश की गति का एक विशुद्ध आकलन निकाला, जो 1,86,284 मील प्रति सेकेंड था, किंतु व्यवहारिक प्रयोग के लिए इसे 1,86,000 मील प्रति सेकेंड ही माना गया। इस गति पर प्रकाश द्वारा एक वर्ष में तय की गई दूरी लगभग 6×10^{12} मील या 9.6×10^{12} (96,00,00,00,00,000) किलोमीटर है। यह दूरी एक प्रकाश वर्ष की है। हमारी गैलेक्सी की अधिकतम चौड़ाई 1,20,000 प्रकाश वर्ष है। क्या आप इतनी बड़ी संरचना की कल्पना कर सकते हो?

आपसी आकर्षण प्रभाव के कारण गैलेक्सियों में दस से कई हज़ारों के समूहों के गुच्छों में रहने की प्रवृत्ति है। इस तरह के गुच्छे हमारे पूरे ब्रह्मांड में फैले हैं। सबसे दूरस्थ गैलेक्सी समूह हमारी आकाशगंगा से अरबों प्रकाश वर्ष की दूरी पर है। ऐसे लाखों और समूह हैं, जो हमारी कल्पना से भी परे हैं।

स्वयं हमारी गैलेक्सी स्थानीय समूह कहलाए जाने वाले गुच्छे में से ही है, जिसमें 20 से अधिक गैलेक्सियां शामिल हैं। आकाशगंगा, बड़े और छोटे मैगलेनिक क्लाउड्स (इनका नाम प्रसिद्ध मार्गदर्शक फर्डिनेंड मैगलेनिक के नाम पर रखा गया, इन्होंने ही सबसे पहले

इन गैलेक्सियों के बारे में बताया था), एंड्रोमेडा, ट्राइएंगुलम गैलेक्सियां स्थानीय समूह के ही सदस्य हैं। 2.5 मिलियन प्रकाश वर्ष दूर एंड्रोमेडा गैलेक्सी नग्न आँखों से दिखाई पड़ने वाली सबसे दूरस्थ गैलेक्सी है। 400 बिलियन तारों के साथ स्थानीय समूह की यह सबसे लम्बी गैलेक्सी है।

हमारी गैलेक्सी एक विशालकाय सर्पिल कुंडली है, जो अपने मध्य भाग के चारों ओर 1,00,000 प्रकाश वर्ष के पार घूमती है। लेकिन, यह मात्र 2000 प्रकाश वर्ष मोटी है। हमारी गैलेक्सी की तरह अधिकतर गैलेक्सियां सर्पिल आकार की हैं, लेकिन इन्हीं में कुछ गोलाकार, अंडाकार या अनियमित-सी भी हैं। हमारी आकाशगंगा में रहने वाले 1,00,000 मिलियन तारों में से एक तारा सूर्य भी है।

आकाशगंगा एक विशालकाय सर्पिल कुंडली है, यह अपने मध्य भाग के चारों ओर घूमती है।

ब्रह्मांड बहुत प्राचीन और विशालकाय है, इतना प्राचीन कि मनुष्य सोच भी नहीं सकता। कुछ लोगों की मान्यता रही है कि ब्रह्मांड की उत्पत्ति एक महाविस्फोट से हुई थी, अगर इस तथ्य को यथार्थ माना

जाए तो यह लगभग 10,000 मिलियन वर्ष पुराना है। आखिर ब्रह्मांड कब अस्तित्व में आया? यह कितना विशाल है? सूर्य, चंद्रमा, तारे और ग्रह कब और कैसे बने? विभिन्न रूपों और आकारों में इतने सारे पिंड अंतरिक्ष में क्या कर रहे हैं? ये सब निरंतर गति क्यों कर रहे हैं? ये कब तक रहेंगे? इनके अलावा और भी बहुत से प्रश्न हमारे मस्तिष्क में उठते हैं। ये सब ऐसी पहेलियां हैं, जिन्हें वैज्ञानिक आज तक सुलझा नहीं पाए हैं।

लम्बे समय से बहुत से वैज्ञानिक इन प्रश्नों के उत्तर खोजने के लिए अध्ययन में लगे हुए हैं, पर कुछेक ही सफल प्रयास कर पाए हैं। ब्रह्मांड की उत्पत्ति या सृष्टि की रचना का सिद्धांत शायद वैज्ञानिकों के लिए बहुत उलझनें पैदा करने वाला काम है और इसीलिए ये पहेलियां अनसुलझी ही रह जाती हैं? एक अन्य कारण यह भी है कि इस अद्भुत ब्रह्मांड की उत्पत्ति के अरबों सालों के पश्चात् पृथ्वी पर जीवन अस्तित्व में आया और मनुष्य उसके भी बहुत बाद में आया था। इस प्रकार, अपने सीमित ज्ञान, कुशलता और उपकरणों के साथ मनुष्य के लिए यह सुनिश्चित कर पाना इतना सरल नहीं है कि भूतकाल में क्या-क्या हुआ था? हमारे वैज्ञानिक ब्रह्मांड के उद्भव और इसके क्रमिक-विकास के बारे में केवल अपनी-अपनी परिकल्पनाएं दे सकते हैं, जो वर्तमान समय में प्राप्त तथ्यों से मेल भी खाती हैं। खगोलशास्त्रियों द्वारा प्रतिपादित आज ऐसे कई सिद्धांत उपलब्ध हैं।

ब्रह्मांड की उत्पत्ति के अरबों साल पश्चात् पृथ्वी पर मानव अस्तित्व में आया।

कुछ लोगों का विचार है कि युगों पहले पूरे ब्रह्मांड की रचना स्वतः हुई और अब यह अपने संभावित अंत की ओर बढ़ रहा है। अतः ब्रह्मांड का जीवन सीमित है। एक अन्य परिकल्पना यह है कि ब्रह्मांड का अस्तित्व सदैव रहेगा। न ही इसका कोई आदि है और न ही इसका अंत। आकाशगंगाएं अंतरिक्ष में घूम रही हैं, गति कर रही हैं और खाली पड़ा क्षेत्र नई गैलेक्सियों से भर जाता है। पुराने तारों और आकाशगंगाओं का अंत हो जाता है और नए जन्म ले लेते हैं। इस प्रकार ब्रह्मांड का विस्तार चलता रहेगा। इसलिए, ब्रह्मांड का समय असीमित है और यह यूं ही निरंतर चलता रहेगा।

आप ब्रह्मांड को कभी माप नहीं सकते और न ही उसकी संकल्पना

निर्धारित कर सकते। ये ठीक ऐसा होगा जैसे एक चींटी हाथी को मापने का प्रयास कर रही हो, कि हाथी कितना बड़ा है? एल्बर्ट आइंस्टाइन (1879–1955) ने इस बारे में एक सापेक्ष कथन दिया था कि ब्रह्मांड "सीमित है लेकिन अभी तक अपार है।" उनके अनुसार "प्रकाश की एक किरण ब्रह्मांड का एक चक्कर लगाने में 1000 मिलियन वर्ष का समय ले लेगी।"

ब्रह्मांड की संकल्पना करना ठीक ऐसा होगा जैसे एक चींटी हाथी का आकार माप रही हो।

इसी तरह से सूर्य और ग्रहों के अस्तित्व को लेकर भी विभिन्न सिद्धांत हैं। 18वीं शताब्दी में स्कॉटलैंड के प्रसिद्ध खगोलशास्त्री जेम्स फर्गुसन ने इसका वर्णन करते हुए कहा था कि आदि काल में ईश्वर विभिन्न तत्त्वों के कणों को इस विशाल अंतरिक्ष में उस स्थान पर ले आया जहां सूर्य और अन्य ग्रहों को निर्माण होना था, इसके बाद उसने प्रत्येक कण को आकर्षण बल प्रदान किया। इस बल से ये कण नज़दीक आते चले गए और अंतरिक्ष में अपने-अपने स्थान पर जमा होते चले गए। एक समय अंतराल के बाद यही कण विभिन्न पिंड बनकर सूर्य के परिवार में शामिल हुए, खगोलीय पिंडों का यही समूह सौर-परिवार कहलाता है।

एक अन्य वैज्ञानिक के अनुसार अंतरिक्ष में बहुत बड़ी मात्रा में गेंदाकार अंतरिक्षीय अंडे चक्कर लगा रहे थे। एक ऐसा समय आया

जब बहुत बड़ा धमाका हुआ, सब टुकड़े-टुकड़े होकर दूर-दूर जा गिरा। अरबों सालों में यही टुकड़े ग्रहों-तारों में परिवर्तित हो गए।

यहां एक और परिकल्पना यह भी है कि धूल और गैस का एक विशाल बादल होता था, जो अंतरिक्ष में एक बड़े पहिये की तरह तेज़ी से अपने अक्ष पर परिक्रमा करता था। एक समयावधि के पश्चात् यह बादल संकुचित होना शुरू हो गया और सघन होकर गरम भी हो गया, इस प्रक्रिया के दौरान घूमते-घूमते इसके टुकड़े हो गए और ये उड़ने शुरू हो गए। धीरे-धीरे ये खंड विभिन्न असंख्य पिंडों में बदल गए और गति करने लगे। शेष बचा गैस का बादल सिकुड़कर दहकता सूर्य बना और केन्द्र में स्थित हो गया।

वैज्ञानिकों का एक अन्य मत यहां बताया जाना आवश्यक है कि युगों पहले अंतरिक्ष में एक विशालकाय पुंज था, इसमें छोटे-छोटे ठोस पिंड थे, जिन्हें हम ग्रहों के अणु कहते हैं। सूर्य इस पुंज के केन्द्र में हुआ करता था। इसके तीव्र आकर्षण बल से सूर्य में उग्र ज्वार-भाटा उठे और सूर्य के अंश फट पड़े और चारों ओर फैल गए। अपनी कक्षा में परिक्रमा लगाते हुए ये अंश ग्रहों के अणुओं को समेटते गए, ठीक वैसे-जैसे कीचड़ में सनी एक गेंद अपने रास्ते में पड़ी मिट्टी व धूल के कणों को समेट लेती है। समय बीतने के साथ-साथ ये अंश सौर-परिवार के सदस्य ग्रह बन गए।

ऐसे बहुत से सिद्धांत हैं। इन सब में से सही कौन-सा है, यह अनुमान लगा पाना कठिन है, इनमें से किसी भी सिद्धांत को किसी निष्कर्ष के रूप में नहीं स्वीकारा जा सकता है। बाद में, सिद्धांतवादियों द्वारा हर मत में कुछ न कुछ विरोधाभास भी सिद्ध कर दिए गए। अतः सौर-परिवार और ब्रह्मांड की उत्पत्ति खगोलशास्त्रियों के लिए अनसुलझी समस्या ही बनकर रह गई, लेकिन ब्रह्मांड के बारे में अपनी जानकारी बढ़ाने के लिए यही परिकल्पनाएं हमारी सहायता करती हैं।

ये सच है कि आज हमारे पूर्वजों की अपेक्षा हमारे पास अधिक जानकारियां और आंकड़े हैं, लेकिन खगोलशास्त्र में हम अपनी मान्यताओं पर मज़बूती से विश्वस्त नहीं हो सकते। आज सही प्रतीत होने वाला सिद्धांत कल गलत भी सिद्ध किया जा सकता है।

एक वैज्ञानिक ने यह स्पष्ट स्वीकारा है कि "ब्रह्मांड सृष्टि की

खगोलीय पिंड को जन्म दे रहा बादल

सबसे अद्‌भुत कृति है और पृथ्वी इसी ब्रह्मांड की सदस्य है, हमारे सिद्धांत 'ब्रह्मांड' जैसे बड़े रहस्य का खुलासा करने के लिए पर्याप्त नहीं हैं।" ज़्यादा से ज़्यादा भेदों को जानने और इस जटिल ब्रह्मांड को समझने की दिशा में निरंतर आगे बढ़ने के लिए संघर्ष कर रहे महान खगोलशास्त्रियों और विज्ञान-जगत से जुड़े लोगों के लिए ऐसे सिद्धांत कोई निवारण भी नहीं हैं। लेकिन, इसमें कोई संदेह नहीं है कि इनमें कुछ उल्लेखनीय उपलब्धियां भी रही हैं। हम उनके कुछ अन्वेक्षणों के बारे में आगे जानेंगे।

मंगल और बृहस्पति के बीच अनियमित रूप से विचरण कर रहे क्षुद्रग्रहों का क्षेत्र है

बड़ा-सा परिवार

आइये, प्रारम्भ करते हैं हम सबसे चिर-परिचित और सुप्रसिद्ध तारे से, जिसकी चमक से दिन होता है, जी! बिलकुल, दिन होता है। हालांकि, अन्य सभी तारे केवल रात में ही देखे जा सकते हैं, लेकिन क्या आप विश्वास करेंगे कि दिन में भी कोई तारा होता है? जी हाँ! होता है, हमारा सूर्य। यह मान्यता कि सूर्य, जो अब एक तारा हो चुका है, वास्तव में खगोलशास्त्र की दुनिया में एक महत्त्वपूर्ण मोड़ था। पहले-पहल सूर्य को 'ग्रह' माना जाता था। खोज के बाद यह स्पष्ट हुआ कि हमारी गैलेक्सी के असंख्य तारों में से एक तारा है-सूर्य।

कई तारे सूर्य से लाखों गुना बड़े और अधिक प्रकाशमान हैं।

सूर्य तो केवल एक औसत आकार का तारा है। ऐसे हज़ारों अन्य तारे हैं, जो हमारे सूर्य से लाखों गुना बड़े और अधिक प्रकाशमान हैं। लेकिन, सूर्य हमारा निकटतम तारा है। वो तारे जो अधिक चमकीले हैं और दूर स्थित हैं, दिन के समय सूर्य की भव्य चमक में कहीं दिखाई नहीं पड़ते। दिन का यह सितारा कोई अकेला थोड़े ही है। इसका भी एक लम्बा-चौड़ा परिवार है। बच्चे हैं, नाती-पोते हैं, पड़पोते-नाती हैं। चारों ओर से ये असंख्य खगोलीय पिंडों से घिरा है।

सूर्य इस परिवार के मध्य में केन्द्रित है, जिसमें नौ ग्रह विभिन्न समयावधि में विभिन्न दूरियों और गति पर इसके चारों ओर परिक्रमा कर रहे हैं। 'ग्रह' यानी 'प्लेनेट' ग्रीक भाषा का एक शब्द है, जिसका अर्थ है 'मस्तमौला घूमने वाला'। तारों और ग्रहों में अगर अंतर किया जाए तो तारे आकाश में 'स्थिर' होते हैं लेकिन ग्रह नहीं, ग्रह घूमते और गति करते हैं।

सूर्य से दूरी अनुसार नौ ग्रहों में क्रमशः बुध, शुक्र, पृथ्वी, मंगल, बृहस्पति, शनि, यूरेनस, वरुण और प्लूटो शामिल हैं। बुध सूर्य के सबसे निकट है इनके बीच की दूरी 57.9 मिलियन किलोमीटर है और प्लूटो सबसे दूर स्थित पाया गया है। सूर्य से इसकी दूरी 5.9 बिलियन किलोमीटर है।

सूर्य के चारों ओर ग्रह जिस अंडाकार 'रास्ते' पर चलते हैं, उसे 'कक्ष' कहते हैं। इस तरह चक्कर लगाते समय ये सभी ग्रह अपने अक्ष पर घूमते हैं। यह अक्ष एक प्रकार की काल्पनिक धुरी है,

जिस पर ग्रह अपने केन्द्र भाग से घूमते हुए चलते हैं।

अधिकतर ग्रहों के अपने सहचरी ग्रह होते हैं, जिन्हें उपग्रह कहा जाता है। उपग्रह हर समय अपने ग्रह के चारों ओर घूमते रहते हैं और उनके साथ-साथ ही सूर्य के चक्कर लगाते हैं। मंगल और बृहस्पति के कक्ष के बीच इतने बड़े अंतर में असंख्य पिंड भी सूर्य के चारों ओर घूमते हैं, इन्हें क्षुद्रग्रह कहते हैं। लम्बी-सी पूंछ के साथ विशालकाय तारे, जिन्हें धूमकेतु कहा जाता है और छोटी-छोटी उल्काओं जैसे सभी आकाशीय पिंड सूर्य के चक्कर लगाते हैं। ये सभी पिंड इस पूरे मंडल के बीच में स्थित सूर्य के साथ मिल कर सौर-परिवार कहलाते हैं।

सन अर्थात् सूर्य का वास्तविक नाम रोमनों के सूर्य भगवान, सोल के नाम से पड़ा है। सोलर या सौर का अर्थ है 'सूर्य का'। इसी से सौर-परिवार, सौर-ऊर्जा, जैसे शब्द बने हैं।

सौर परिवार अपनी गैलेक्सी के केन्द्र से 35,000 प्रकाश वर्ष दूर और इसकी सर्पिल भुजा के किनारे पर स्थित है। सौर परिवार की अनुमानित आयु 4.6×10^9 वर्ष है। सूर्य भी अन्य ग्रहों की तरह अपने अक्ष पर घूमता है और अपने इस बड़े परिवार के साथ 20,00,00,000 वर्षों में एक बार इस गैलेक्सी के केन्द्र तक चक्कर लगाता हुआ पहुंचता है। इस अवधि को एक अंतरिक्ष वर्ष कहा जाता है। ये सभी अन्वेक्षण पिछली पाँच शताब्दियों के दौरान किए गए हैं।

पुरातन काल में लोगों की क़ई धारणाएं गलत थीं। उनका मानना था कि जिस पृथ्वी पर वे रहते हैं वो ब्रह्मांड का केन्द्र है और चपटी, स्थायी और अचल है। सूर्य, चंद्रमा (यूरेनस, वरुण और प्लूटो, जिनकी खोज अभी नहीं हुई थी) ये पाँचों पिंड पृथ्वी के चक्कर लगाते हैं। झिलमिल करते तारे आकाश में 'स्थायी' खड़े हैं। ग्रीक के एक महान गणितज्ञ पाइथागोरस ने छठी शताब्दी ईसा पूर्व में सर्वप्रथम यह सुनिश्चित किया था कि पृथ्वी गोलाकार है; उन्होंने यह विश्वास भी जताया था कि यह ब्रह्मांड के केन्द्र में स्थित है। ग्रीक के ही एक अन्य दार्शनिक और वैज्ञानिक एरिस्टोटल (384-322 ईसा पूर्व) ने भी उनके इस मत का समर्थन किया। एरिस्टोटल का जन्म स्टेगिरा में हुआ था। वे प्लेटो (427-347 ईसा पूर्व) के एक असाधारण शिष्य और एलेक्जेंडर महान (356-323 ईसा पूर्व) के गुरु थे। जीव-विज्ञान,

भौतिक-शास्त्र, राजनीति-शास्त्र, तर्क-विज्ञान, दर्शन-शास्त्र और खगोल-विज्ञान जैसे विषयों में लगभग 400 उपलब्धियों को प्रतिपादित करने का श्रेय एरिस्टोटल को जाता है। उन्होंने ही बताया था कि भूमि, अग्नि, जल और आकाश जैसे चार तत्त्वों से मिलकर पृथ्वी बनी है।

तीसरी शताब्दी ईसा पूर्व के आस-पास ग्रीक के एक अन्य खगोलशास्त्री एरिस्टारकस ने अवलोकन किया कि गोलाकार ये पृथ्वी एक दिन में अपने अक्ष पर घूमते हुए सूर्य के चारों चक्कर लगाती है। लेकिन वे इसके लिए कोई ठोस साक्ष्य नहीं दे सके थे। 'सूर्य और चंद्रमा के परिमाण और उनकी दूरी' पर एक छोटे से शोध को छोड़कर खगोल-विज्ञान के क्षेत्र में एरिस्टारकस के द्वारा किए गए सभी कार्य नष्ट हो गए।

प्राचीन समय के भारतीय खगोलशास्त्रियों ने पृथ्वी, इसके घूर्णन और सूर्य के चारों ओर इसकी परिक्रमा के बारे में चौंकाने वाले कई रहस्यों का खुलासा किया।

आदि काल में हमारे देश में भी आर्यभट्ट (476 ईसवी में जन्मे), वराहमिहिर (499-587 ईसवी) और भास्कर (1114 ईसवी में जन्मे) जैसे महान खगोलशास्त्री हुए हैं। बिना उपयुक्त उपकरणों के उन्होंने पृथ्वी की आकृति, अपनी धुरी पर इसका घूमना, सूर्य के चारों ओर इसका चक्कर लगाना और ग्रहों की भौतिक अवस्थिति से संबंधित कई सनसनीखेज़ प्रेक्षण कर पाने में सफलता प्राप्त की।

ईसा की दूसरी शताब्दी के दौरान क्लाउडियस टॉल्मिस हुए, जो टॉल्मी के नाम से जाने जाते थे। इन्होंने एलेक्जेंड्रिया में काम किया और वे अपने समय के अत्यधिक कुशल खगोलशास्त्री बने। इन्होंने 'आलमैजेस्ट' नाम की एक पुस्तक भी लिखी, जिसमें अपने कई निष्कर्षों और उस समय के खगोलशास्त्र-ज्ञान को शामिल किया। इनकी यह उपलब्धि बहुत महत्त्वपूर्ण मानी गई, इससे प्राचीनतम खगोल-विज्ञान और भूगोल की विस्तृत जानकारी मिली। टॉल्मी ने एक उपयोगी तारा-सारणी भी तैयार की। दुर्भाग्यवश, उसमें एक भ्रान्तिपूर्ण सिद्धांत भी दे दिया कि पृथ्वी गतिहीन है और ब्रह्मांड के केन्द्र में स्थित है। सूर्य, चंद्र, ग्रहों जैसे पिंड और आकाश के 'स्थायी' गोले-पृथ्वी के चारों और गोलाकार पथ पर चक्कर लगा रहे हैं।

यह 'टॉल्मिक प्रणाली' कहलाई, फिर भले ही उसने इसका आविष्कार नहीं किया था। यह आश्चर्यजनक था कि पूरी तरह से गलत यह जियोसेंट्रिक या भूकेन्द्रित सिद्धांत लगभग चौदह शताब्दियों

एरिस्टोटल 384–322 ई. पू.

टॉल्मी 100?–165? ईसवी
भूकेन्द्रित सिद्धांत को प्रस्तुत किया।

आर्यभट्ट बी. 476 ईसवी
पृथ्वी गोल है और यह अपने अक्ष पर घूमती है।

कॉपरनिक्स 1473–1543
आधुनिक खगोलशास्त्र के प्रवर्तक
सूर्यकेन्द्रित सिद्धांत को प्रस्तुत किया।

न्यूटन 1642–1727
गुरुत्वाकर्षण और गति का सार्वभौमिक नियम प्रतिपादित किया।

गैलिलियो 1564–1642
आधुनिक प्रयोगात्मक विज्ञान के संस्थापक।
टेलीस्कोप यानी दूरबीन तैयार की। गिरती वस्तुओं और पेंडुलम का नियम प्रस्तुत किया।

तक निर्विवाद रहा और इसीलिए टॉल्मी 'खगोलशास्त्रियों के राजा' के नाम से प्रसिद्ध रहे। ('जियो' ग्रीक भाषा का एक शब्द है, जिसका अर्थ है-पृथ्वी और यह जियोग्राफी, जियोफिजिक्स और जियोपॉलिटिक्स आदि जैसे शब्दों के साथ प्रयोग हुआ)

टॉल्मिक प्रणाली जैसी सभी गलत धारणाएं छिन्न-भिन्न हो गईं और विज्ञान-जगत के एक महानतम व्यक्ति मिकोले कोपरनिक (1473-1543) ने मानव मस्तिष्क में एक क्रान्ति लाकर रख दी थी। बाद में ये निकोलस कॉपरनिक्स के नाम से प्रसिद्ध हुए। पोलैंड में जन्मे कॉपरनिक्स ने दिन में बिशप बन लोगों की सेवा की और रातें अपने पसंदीदा विषय खगोलशास्त्र के अध्ययन के लिए समर्पित कर दी। तीस वर्षों के अथक परिश्रम के बाद वे कई महत्त्वपूर्ण अन्वेक्षण कर पाने में सफल हुए, हालांकि उस समय उनके पास आज के खगोल-विज्ञानियों की तरह टेलीस्कोप, स्पेक्ट्रोस्कोप, कैमरा या कम्प्यूटर जैसे अत्याधुनिक उपकरण भी नहीं थे।

अपनी इन खोजों की सहायता से कॉपरनिक्स ने अपने हीलियोसेंट्रिक अर्थात् सूर्यकेन्द्रित सिद्धांत का प्रतिपादन किया। ('हीलियो' ग्रीक में सूर्य भगवान का नाम है) उनके इस सिद्धांत के अनुसार सूर्य पूरी खगोलीय-प्रणाली के केन्द्र में स्थित है और पृथ्वी ऐसा ग्रह है, जो उस समय के ज्ञात ग्रहों की तरह सूर्य के चक्कर लगाती है। उनके अनुसार सौर-परिवार इस ब्रह्मांड की विशालकाय उत्पत्ति का केवल एक आंशिक भाग है।

कॉपरनिक्स ने हीलियोसेंट्रिक यानी सूर्यकेन्द्रित सिद्धांत का प्रतिपादन किया।

कॉपरनिक्स अपने इन निष्कर्षों को किसी को भी बताने से डरते थे, क्योंकि टॉल्मिक प्रणाली पर सवाल खड़े करने वाले और ईश्वर की बनाई पृथ्वी को अन्य ग्रहों की तरह साधारण ग्रह का स्थान देने वाले को ईसाई लोग अपनी मान्यताओं के विरुद्ध मानते थे। उसे धर्म-विरोधी ठहरा कर चर्च द्वारा दंडित भी किया जाता सकता था। इसीलिए कॉपरनिक्स ने अपने अंतिम दिनों तक उन महत्त्वपूर्ण तथ्यों को प्रकाशित नहीं होने दिया। 23 मई 1543 को लगभग 400 पृष्ठों में उस सनसनीखेज़ रचना की पहली प्रति उन्हें तब दी गई, जब उनका अंत एकदम निकट था। इस पुस्तक का नाम था 'कनसर्निंग द रिवॉल्यूशन्स ऑफ द सेल्सशियल बॉडीज़'।

टॉल्मी की जियोसेंट्रिक यानी भूकेन्द्रित प्रणाली

यह आधुनिक खगोल-विज्ञान के युग की शुरूआत थी। इस पुस्तक की प्रस्तावना में, जैसा कि कॉपरनिक्स ने चाहा था, लिख दिया गया कि सूर्यकेन्द्रित यह सिद्धांत एक व्यक्ति-विशेष का दृष्टिकोण है और इसे अक्षरश: वैज्ञानिक सत्य के रूप में न माना जाए। लेकिन कॉपरनिक्स का अंदेशा सही था, उनके सिद्धांतों की अन्य वैज्ञानिकों और धर्माधिकारियों द्वारा उग्रतापूर्वक निन्दा की गई; इस पुस्तक पर प्रतिबंध लगा दिया गया और कॉपरनिक्स द्वारा प्रतिपादित ऐसे सिद्धांतों को मानने वालों पर कई वर्षों तक अत्याचार किया जाता रहा।

अंतत: सत्य की विजय हुई और आज उन्हीं की वे अवधारणाएं खगोलशास्त्र के आधारभूत सिद्धांतों के रूप में विश्व-भर में निरंतर मानी जा रही हैं। कॉपरनिक्स-प्रणाली भारतीय मान्यताओं के भी अनुरूप रही, बाद में इसे और मज़बूती देने के लिए एक के बाद एक खोजें होती चली गईं। टॉल्मी की तरह कॉपरनिक्स ने भी यह सोचा था कि ग्रहों के परिक्रमा कक्ष गोलाकार होते हैं, लेकिन बाद में जर्मनी के एक अन्य प्रतिभाशाली खगोल-विज्ञानी और गणितिज्ञ जोहान क़ेपलर (1571-1630) ने इस त्रुटि को दूर किया, उन्होंने निष्कर्ष निकाला कि ग्रहों के परिक्रमा-कक्ष गोलाकार नहीं, अंडाकार होते हैं।

टाइको ब्राहे (1546-1601) 16वीं शताब्दी में डेनमार्क के एक विख्यात खगोलशास्त्री थे। छात्र काल में किसी से हुए झगड़े के दौरान उनकी नाक कट गई थी, बाद में उन्होंने अपनी एक कृत्रिम नाक सोने, चांदी और मोम के मिश्रण से बनवाई। ब्राहे ने अपने ही द्वीप पर एक प्रयोगशाला बनाई और अपने उपकरण तैयार कर लगभग बीस वर्षों तक अंतरिक्ष के रहस्यों को सुलझाने का कार्य किया। तारों की दशा-दिशा पर उन्होंने एक सटीक सारणी बनाई। चूंकि टाइको ब्राहे कॉपरनिक्स-प्रणाली को नहीं मानते थे, इसीलिए पुरानी मान्यताओं को बिना स्वीकारे उन्होंने स्वयं अपने ही निष्कर्ष निकाले। ब्राहे के यही निष्कर्ष उनके सहयोगी जोहान केपलर के लिए उसके अवलोकनों का आधार बने और केपलर ने लगभग उन्नीस वर्षों तक विभिन्न खोजों पर कार्य करते हुए अपना सिद्धांत प्रतिपादित किया, जो आज ग्रहों की चाल पर केपलर के नियम के नाम से जाना जाता है। उनके अनुसार ग्रह सूर्य के चारों ओर अंडाकार परिक्रमा-पथ पर घूमते हैं; सूर्य इन अंडाकार कक्षों के एकदम मध्य में तो केन्द्रित नहीं है, लेकिन जिस बिंदु पर स्थित है उसे 'संकेन्द्रित बिंदु' कहते हैं। दूसरा, सूर्य के निकट के ग्रह अपेक्षाकृत तेज़ी से चक्कर लगाते हैं और तीसरा, सूर्य और ग्रह के बीच की दूरी और इस ग्रह द्वारा सूर्य के लगाए जाने वाले चक्कर की अवधि में गहरा संबंध है। इन नियमों ने कॉपरनिक्स के उस सिद्धांत को सरल कर दिया, उन्होंने ही कहा था कि सूर्य ही सौर-परिवार के पूरे मंडल का प्रधान है।

विश्व के अजूबों में से आपने इटली में पीसा की झुकी हुई मीनार के बारे में अवश्य सुना होगा, इसी शहर में जन्म हुआ था-गैलिलियो गैलिली (1564-1642) का। विश्वविख्यात खगोलशास्त्रियों में गैलिलियो को एक सम्मानजनक और अद्वितीय स्थान प्राप्त हुआ। खगोल-विज्ञान के विकास में उनके योगदान की कोई तुलना नहीं है।

गैलिलियो ने ऊंचाई से गिरने वाली वस्तुओं पर शोध किया और यह सिद्ध किया कि अलग-अलग भार वाली दो वस्तुएं एक ही समय में सतह पर गिरेंगी। उनके इसी अन्वेक्षण ने आइज़ेक न्यूटन (1642-1727) की गुरुत्वाकर्षण बल पर की जाने वाली खोज का मार्ग प्रशस्त कर दिया, लेकिन यह गैलिलियो के समय की आम धारणाओं के विरुद्ध

थी और इसने एरिस्टोटल के उस दावे का खंडन कर दिया, जिसमें उन्होंने कहा था कि अधिक भार वाली वस्तु कम भार वाली वस्तु की अपेक्षा तीव्र गति से गिरेगी।

सन् 1608 में डच के एक ऑप्टिशियन जेन लिपरशिम, जो हैंस लिपरशी (1570-1619) के नाम से भी जाने जाते थे, ने एक अपरिष्कृत दूरबीन 'किज्कर' बनाई। 'किज्कर' का अर्थ होता है-देखने वाला। कई प्रयासों के बाद भी लिपरशी अपने इस आविष्कार को पेटेंट नहीं करा सके। अगले वर्ष जब गैलिलियो वेनिस आए तो उन्होंने लिपरशी की इस दूरबीन के बारे में सुना। इसके बाद गैलिलियो ने भी अपने लिए स्वयं एक दूरबीन तैयार की, साथ ही इसमें लेंसों का भी प्रयोग किया। एक साधारण और आधी-अधूरी सी दिखने वाली यह 'ऑप्टिकल-ट्यूब' उन्होंने आकाश के रहस्यों को खंगालने के लिए बनाई थी। इस प्रकार वे टेलीस्कोप या दूरबीन के वास्तविक आविष्कारक और टेलीस्कोपिक खगोलशास्त्र के प्रवर्तक बन गए।

यह एक साधारण और आधी-अधूरी सी दिखने वाली 'ऑप्टिकल ट्यूब' थी, जिससे गैलिलियो ने ब्रह्मांड के कई राज खोले।

आज हमारे पास जो दूरबीनें हैं वे गैलिलियो की दूरबीन से हज़ार गुना बड़ी और ज़्यादा दूर तक देख पाने में सक्षम हैं। उत्साही और

गैलिलियो की दूरबीन

जिज्ञासु अन्वेक्षक गैलिलियो के हाथों में थी एक नई दूरबीन। अंतरिक्ष में तांका-झांकी करने और इसके स्वर्गिक सौंदर्य को सराहने के लिए आने वाली पीढ़ियां काफी उत्सुक थी। यह दूरबीन भविष्य में ब्रह्मांड के दरवाज़े खोलने वाली सुनहरी चाबी साबित हुई। गैलिलियो ने क्रमानुसार कई सिद्धांतों का अध्ययन किया और उसने कॉपरनिक्स की सूर्यकेन्द्रित प्रणाली को टॉल्मी के सिद्धांतों से भी श्रेष्ठतम मान लिया। टॉल्मी की मान्यताओं का उपहास करते हुए गैलिलियो ने 'डायलॉग ऑन टू वर्ल्ड सिस्टम्स' के नाम से एक मज़ेदार पुस्तक भी लिखी। इससे टॉल्मी और एरिस्टोटल की प्रमाणिकता कमज़ोर पड़ गई।

गैलिलियो पर धर्म-विरोधी होने का आरोप लगाया गया और मुकदमा चलाने के लिए उसे रोम लाया गया।

कॉपरनिक्स के सिद्धांतों का समर्थन करने पर गैलिलियो को रूढ़िवादी रोमन कैथोलिक चर्च के विरोध का सामना करना पड़ा। चर्च इस बात पर बल देता था कि ब्रह्मांड के मध्य में स्थित हमारी पृथ्वी स्थिर अवस्था में है। गैलिलियो पर धर्म-विरोधी होने का आरोप लगाया गया और मुकदमा चलाने के लिए उसे रोम लाया गया। उस समय धर्माधिकारियों ने गैलिलियो पर दबाव बनाया कि वह अपने सिद्धांतों को वापस ले और सार्वजनिक घोषणा कर दे कि वह गलत था, लेकिन उसने तब भी घूमती पृथ्वी के संदर्भ में अपनी बात को दोहराया "Eppur si muove" (यह अभी भी घूम रही है)। बाद में, जिंदगी-भर के लिए गैलिलियो को घर में ही बंदी बनाकर रखा गया। सन् 1642 में हुई उनकी मृत्यु हुई। उस महान आदमी का भाग्य मात्र इतना ही था। उसने इस रहस्यमय ब्रह्मांड में कई आश्चर्यजनक अन्वेक्षण किए, आगे चलकर उसके यही अन्वेक्षण खगोलशास्त्रियों की कई बड़ी उपलब्धियों में महत्त्वपूर्ण सोपान भी बने।

ये गैलिलियो ही था, जिसने अपनी जादुई छड़ी यानी अपने टेलीस्कोप से चंद्रमा पर पर्वतों, समतलों और गड्ढों, सूर्य के धब्बों शुक्र और मंगल ग्रहों के विभिन्न चरणों, बृहस्पति के चार उपग्रहों-आईओ, यूरोपा, गेनीमेडे और कैस्टीलो, जिन्हें गैलिलियो के उपग्रह कहा गया, आकाशगंगा के तारे जैसी प्रकृति और शनि के रिंग्स की सूक्ष्म प्रणाली, इन सब का पता लगाया था। यह जानकारियां मिलने से सुनिश्चित हुआ कि कॉपरनिक्स सही था। गैलिलियो के ये विभिन्न अन्वेक्षण ब्रह्मांड के बारे में मनुष्य के ज्ञान-कोश में महत्त्वपूर्ण योगदान बने।

उसके एक प्रशंसक कैसली ने सही कहा था कि "सचमुच, गैलिलियो की आँखों ने वो सब देखा था, जो किसी ने न देखा हो। आज उनकी आँखें भले ही न रही हों, लेकिन उनकी आँखों ने ही भविष्य की आँखें खोलकर रख दी थी।"

जब आप किसी गेंद को ऊपर की ओर फेंकते हैं, तो एक बिंदु तक यह ऊपर जाती है, और फिर नीचे आकर भूमि पर गिर जाती है। आपके विज्ञान के अध्यापक ने आपको बताया ही होगा कि ऐसा पृथ्वी के गुरुत्वाकर्षण बल के कारण होता है, इसी प्रभाव के कारण निराधार शरीर पृथ्वी की ओर खिंचा रहता है। इस अदृश्य शक्ति की खोज महान ब्रिटिश वैज्ञानिक आइज़ेक न्यूटन ने की थी। न्यूटन एक बहुमुखी प्रतिभाशाली वैज्ञानिक थे, इन्होंने विज्ञान की विभिन्न विधाओं जैसे–खगोलशास्त्र, गति, प्रकाश, ध्वनि और रंग के अध्ययन में ख्याति प्राप्त की इसके अलावा पहली परावर्ती दूरबीन (Reflecting Telescope) बनाने का श्रेय भी न्यूटन को जाता है।

न्यूटन ने ग्रहों की गति का गहन अध्ययन किया और उन्होंने पाया कि सूर्य व ग्रहों के बीच भी गुरुत्वाकर्षण का ही बल कार्य कर रहा था। अपने अन्वेक्षणों में उन्होंने यह भी स्पष्ट किया कि गुरुत्वाकर्षण का सार्वभौमिक नियम धूल के एक अति सूक्ष्म कण से लेकर विश्व के किसी भी विशालकाय गोले तक, पदार्थ के सभी अंश और सभी दूरियों पर लागू होता है। उन्होंने सन् 1687 में 'प्रिन्सीपिया' नामक शीर्षक की अपनी पुस्तक में अपने नियमों को प्रस्तुत किया। उनके मित्र एडमंड हेली (1656-1742) ने उन्हें इस पुस्तक के प्रकाशन के लिए आर्थिक सहायता प्रदान की, हेली के नाम पर एक धूमकेतु भी है। यह बताया जाना आवश्यक है कि केपलर के तीन नियम न्यूटन के सिद्धांत का अनिवार्य हिस्सा बने थे। न्यूटन की सफलता में गैलिलियो द्वारा प्रतिपादित तथ्यों का योगदान भी कम नहीं रहा।

जब आप कोई गेंद ऊपर की ओर फेंकते हैं, तो एक बिंदु तक यह ऊपर जाती है और फिर नीचे आकर गिरती है।

न्यूटन के नियमों के अनुसार पड़ी हुई कोई वस्तु तब तक ऐसे ही पड़ी रहेगी, जब तक उस पर कोई अन्य बल किसी प्रकार की बाधा उत्पन्न नहीं करेगा; ठीक इसी तरह से एक वस्तु सीधी रेखा में तब तक गति करती रहेगी, जब तक कोई अन्य बाहरी बल इसके मार्ग को नहीं काटेगा और इसके मार्ग को परिवर्तित नहीं करेगा। दूसरा, चाल

में परिवर्तन ठीक उस पर लगाए गए बल के अनुपात में ही होगा और ये उसी दिशा में होगा जिस दिशा में बल लगाया गया है। तीसरा, प्रत्येक क्रिया पर एक समान और विपरीत प्रतिक्रिया सदैव होती है।

इन नियमों की सहायता से खगोलशास्त्रियों ने यह अनुभव किया कि अब सौरमंडल की अधिकतर पहेलियां सुलझ चुकी हैं। अंतरिक्ष की व्यवस्था कुछ स्पष्ट होने लगी थी। यह तथ्य पता लग चुका था कि सभी वस्तुओं के बीच एक आकर्षण बल होता है। एक-दूसरे को आकर्षित कर रही दो वस्तुओं में से, यदि एक वस्तु का द्रव्यमान (वस्तु की मात्रा) दुगुना है, तो इनके बीच का गुरुत्वाकर्षण बल भी दुगुना होगा, लेकिन यदि उनके बीच की दूरी दुगुनी हो जाए, तो यह बल केवल एक-चौथाई ही रह जाएगा। अर्थात् बड़ी और भारी वस्तुएं छोटे और हल्के पिंडों को अपनी ओर आसानी से खींच पाती हैं।

सूर्य का आकार सम्पूर्ण सौरमंडल के कुल आकार से 99 प्रतिशत अधिक है। दूसरे शब्दों में, सभी बड़े ग्रहों, उपग्रहों, क्षुद्रग्रहों और उल्काओं सहित इस ग्रह-मंडल का आकार सूर्य के कुल आकार के 0.134 प्रतिशत से अधिक नहीं है। इस तरह, अरबों वर्षों से एक शक्तिशाली शासक के समान सूर्य सभी खगोलीय पिंडों को उनके जन्म से ही अपने गुरुत्वाकर्षण के तीव्र प्रभाव से कैदियों की तरह रखे हुआ है। युगों-युगों से ये ग्रह इसी प्रभाव के कारण अंतरिक्ष में बिना किसी ठोस सतह के परस्पर लटके हैं और अपनी कक्षा में बिना किसी रूकावट और टक्कर के घूम रहे हैं। इस तरह अब कई रहस्यों का खुलासा हो चुका था और खगोलीय पिंडों के ज्ञान की पूरी श्रृंखला खगोलशास्त्र में अनंत संभावनाओं की एक क्रान्ति ला रही थी। जैसा कि किसी ने कहा था-

''प्रकृति और प्रकृति के सब नियम, छिपे हुए हैं आकाश में
ईश्वर ने कहा 'न्यूटन को आ जाने दो' सब आ जाएगा प्रकाश में''

और सबसे महत्त्वपूर्ण बात ये रही कि न्यूटन के नियमों ने कॉपरनिक्स के सिद्धांतों पर छिड़ी हुई बहस पर सदा के लिए विराम लगा दिया। अंततः यह सिद्ध हुआ कि सूर्य सौरमंडल के केन्द्र में स्थित है और सभी ग्रहों पर अपना एक निश्चित अधिकार रखे हुए है, इन ग्रहों में हमारी पृथ्वी भी शामिल है, जो सूर्य के अधीनस्थ है और उसके चारों

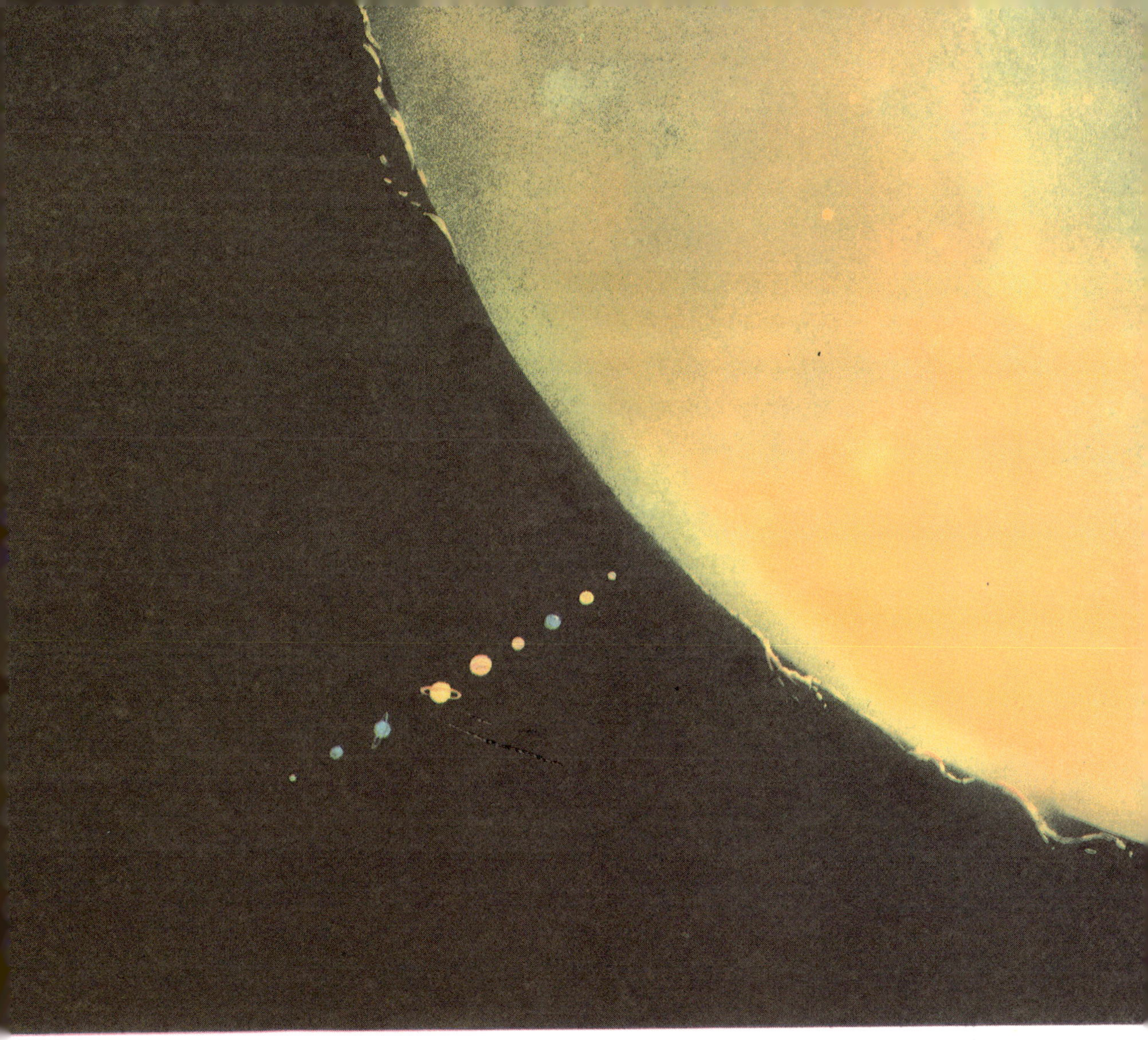

सूर्य की तुलना में ग्रहों की स्थिति

ओर चक्कर लगाती है। उस समय यह खगोलशास्त्र में मनुष्य की सबसे बड़ी उपलब्धि थी। न्यूटन अब एक प्रसिद्ध व्यक्ति बन चुके थे। लेकिन, उन्होंने विनम्रतापूर्वक केवल इतना ही कहा कि वे तो केपलर और गैलिलियो जैसे अपने पूर्वजों के नक्शे-कदम पर चले हैं, उन्होंने ही न्यूटन को बड़ा आदमी बनाया है। किसी भी प्रकार की लोक-प्रसिद्धि स्वीकारने से इंकार करते हुए उन्होंने बताया कि वे तो उस बच्चे के समान हैं, जो समुद्र किनारे से कुछ कंकड़ चुन लाया हो। उन्होंने यह

भी स्पष्ट किया कि अभी तो प्रकृति और इस ब्रह्मांड के बारे में जानने के लिए बहुत कुछ शेष है।

ये हमारा सूर्य ही है, जो इतने विशालकाय परिवार का मुखिया बन अरबों वर्षों से इस पूरे नक्षत्र-मंडल को एकजुट रख पाया है। ग्रहों के प्रमुख की भूमिका सूर्य पूरी जिम्मेदारी के साथ आज तक निभा रहा है। वैज्ञानिकों का विश्वास है कि जैसे सूर्य का एक परिवार है, वैसे ही हमारी गैलेक्सी में कई और तारामंडल और इनमें ऐसे ही कई और 'सौरमंडल' हो सकते हैं।

परिवार का मुखिया

ऋग्वेद में 'सूर्य' को सृष्टि के चल-अचल और सबके प्राण के रूप में स्थान दिया गया है।

आइये, अब हम अपने सौरमंडल के प्रधान-सूर्य की बात करते हैं। बहुत-सी प्राचीन काल की सभ्यताओं में सूर्य को पूजा जाता था। सूर्य और चंद्रमा जैसे खगोलीय पिंडों से मनुष्य सदा से ही वशीभूत रहा है। पुरापाषाण काल में सूर्य को अंधकार और बुराई दूर करने वाला धार्मिक देवता मान कर मनुष्य उसके प्रकाश के प्रति श्रद्धा-भाव रखते थे और उसकी पूजा-अर्चना करते थे। कुछ मान्यताओं में ऐसी आस्थाएं आज भी देखी जा सकती हैं। चार वेदों में से ऋग्वेद में "सूर्य को सृष्टि के चल-अचल और सबके प्राण के रूप में स्थान दिया गया है"। सूर्य भगवान की मूर्ति आज भी हिन्दू-मंदिरों में 'नवग्रह' यानी नौ ग्रहों की मूर्तियों के बीच देखी जा सकती है। ऐसा माना जाता है कि ग्रहों का हर किसी के जीवन पर असर पड़ता है।

सूर्यकेन्द्रित सिद्धांत प्रस्तुत करने वाले कॉपरनिक्स ने कहा था- "सूर्य सब के मध्य में है, मंदिर रूपी इस ब्रह्मांड में केन्द्र स्थान पर इस प्रतापी प्रकाश-पुंज 'सूर्य' का पूरक कोई नहीं है, जो सबको समान रूप से प्रकाशमय कर सके।"

सूर्य एक विशिष्ट प्रकार का पीला-सुनहरा तारा है, पृथ्वी की तरह यह कोई ठोस चट्टान नहीं, पर चमकली गैसों का एक बहुत बड़ा गोला जरूर है, जो अपने गुरुत्व बल पर संतुलन बनाए हुए है। इसका आकार विशालकाय है, लेकिन अन्य गैलेक्सियों के अधिकांश तारों से यह काफी छोटा है। सूर्य चपटी डिस्क की तरह नहीं, जैसा कि वह दिखाई देता है, बल्कि गोलाकार आकृति का है। सूर्य के प्रकाश और ऊष्मा के बिना पृथ्वी पर जीवन असंभव है। सदैव हमें यह अपने उसी असीम आकर्षण बल से थामे रखता है और इसी शक्ति से यह सौरमंडल के सभी ग्रहों को उनकी कक्षाओं में नियंत्रित करता है।

वास्तव में, हमारा सूर्य विशालकाय और दैत्य रूपी है, लेकिन यही हमारे जीवन के लिए परोपकारी भी है। जॉन फ्रेडरिक विलियम हर्शेल (1792-1871) के अध्ययन का प्राथमिक क्षेत्र 'तारों का परिवार' था, उन्होंने कहा था कि "अगर सूर्य से मिलने वाले सभी लाभ छोड़ दें, तो इसका भीमकाय आकार और इसकी असीमित शक्ति प्राणी-मात्र के लिए अशुभ हो सकते हैं। लेकिन, यह सर्वशक्तिमान दानी है, पूरी सृष्टि को प्रकाश और ऊष्मा प्रदान करने के लिए विधाता का एक प्रतिनिधि होने के साथ-साथ यह आकर्षण का केन्द्र भी है। सूर्य हमारे सुख-साधन का प्रमुख स्रोत है। निष्कर्ष रूप में यह कहा जा सकता है कि यह पृथ्वी के अस्तित्व का मूल आधार है।"

क्या आप जानते हैं कि सूर्य हमसे कितनी दूर है, कितना बड़ा है और कितना गरम है? सन् 1610 में जब सबसे पहले गैलिलियो को सूर्य के ऊपर लगे धब्बों का पता लगा, तभी से उन्होंने सूर्य का गहन अध्ययन शुरू कर दिया था। वह गैलिलियो ही था, जिसने सूर्य के घूमने और इसके गोलाकार होने के प्रथम साक्ष्य प्रस्तुत किए थे।

सूर्य हमारा निकटतम तारा है। यह पृथ्वी से 147.1 मिलियन किलोमीटर की दूरी पर स्थित है। यह दूरी एक खगोलीय इकाई या एस्ट्रॉनोमिकल यूनिट (AU) है। इसका अर्थ केवल दोनों के बीच की औसतन दूरी से है। अब चूंकि पृथ्वी सूर्य के चारों ओर अंडाकार रूपी पथ पर चक्कर लगाती है, इसीलिए परिक्रमा के दौरान सूर्य से इसकी दूरी में थोड़ा अंतर आ जाता है। चक्कर लगाते हुए जब पृथ्वी सूर्य के निकट आ जाती है तो उसे 'पेरिहेलियन या उपसौर' कहते हैं और सूर्य

से दूर हो जाने पर उसे 'ऐफिलियन या अपसौर' कहा जाता है। उपसौर में सूर्य और पृथ्वी के बीच की दूरी 14,70,97,800 किलोमीटर और अपसौर में यह दूरी बढ़कर 15,20,98,200 किलोमीटर हो जाती है। आकलन में इसका औसत ही लेते हैं। सूर्य से अन्य ग्रहों की दूरी और स्थिति पर भी यही गणना लागू होती है।

पृथ्वी और सूर्य के बीच की औसतन दूरी और पृथ्वी का परिक्रमा-मार्ग दोनों ही स्थिर हैं। प्रकृति ने हमारी 'पृथ्वी' को इस प्रतापी सूर्य से एकदम सही दूरी पर रखा है। यदि यह सूर्य के थोड़ा भी निकट जाए, यानी अपनी वर्तमान दूरी से 10 प्रतिशत तक, तो हम सब जलकर मर जाएंगे और अगर यही 10 प्रतिशत सूर्य से दूर चली जाती है, तो हम सब बर्फ बन जाएंगे। पृथ्वी के लिए दोनों में से कोई विकल्प उचित नहीं, यह जहां है, सही है। यह अनुभव कर बहुत सुखद लगता है कि हम सूर्य से बिलकुल सही दूरी पर स्थित हैं।

पृथ्वी सूर्य के थोड़ा नज़दीक जाएगी, तो हम जलकर भस्म हो जाएंगे और अगर यह थोड़ा भी दूर होती है, तो पृथ्वी पर सब बर्फ बन जाएगा।

सूर्य का व्यास 1.4 मिलियन किलोमीटर है। एक अनुमान के अनुसार यह पृथ्वी के व्यास का 110 गुना है। सूर्य की परिधि लगभग

41,60,000 किलोमीटर आकलित की गई है। सूर्य का आयतन पृथ्वी के परिमाण का साढ़े तीन लाख गुना है जो कि 2.2×10^{27} है। सूर्य इतना बड़ा एक 'पात्र' कि जिसमें यदि आप 13 लाख पृथ्वियों को भी रख दें, तो भी इसमें कुछ स्थान शेष रह जाएगा।

सूर्य और पृथ्वी की सतह पर गुरुत्वाकर्षण बल की भी कोई तुलना नहीं है, सूर्य पर गुरुत्व बल पृथ्वी से 28 गुना अधिक है। दूसरे शब्दों में, पृथ्वी पर 50 किलोग्राम का भार उठाने वाला व्यक्ति सूर्य पर इसी वजन से कुचला जाएगा, यही भार वहां जाकर 1400 किलोग्राम हो जाएगा। इसमें आश्चर्य की कोई बात नहीं है, इतना विशाल गुरुत्व बल सूर्य ने लाखों वर्षों से अपने स्थाई नियंत्रण में आसानी से रखा हुआ है, इसी नियंत्रण में सभी छोटे-बड़े खगोलीय पिंड, ग्रह और यहां तक क़ि 5.9 बिलियन किलोमीटर की दूरी पर स्थित सबसे दूरस्थ ग्रह प्लूटो भी शामिल है। सूर्य की इसी गुरुत्व-शक्ति के कारण ये ग्रह परिक्रमा-पथ से हट कर अपनी राह से नहीं भटक सकते।

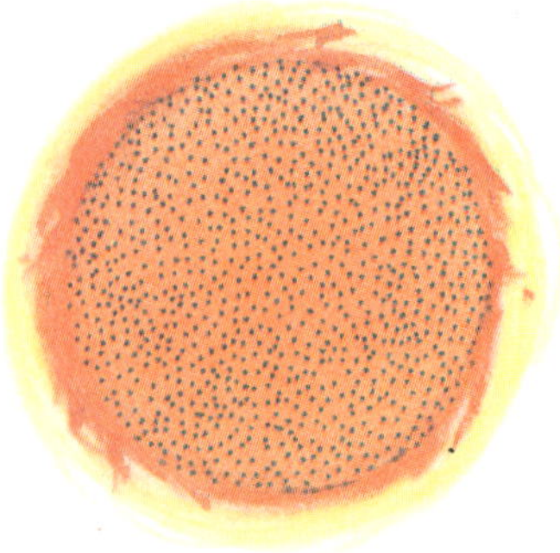

सूर्य इतना बड़ा एक 'पात्र' कि जिसमें आप 13 लाख पृथ्वियों को रख सकते हैं।

आपको स्कूल में अवश्य पढ़ाया गया होगा कि सूर्य पूर्व से उदय कर और पश्चिम में अस्त होता है, इसी से दिन और रात होते हैं। फिर आपने यह भी अवश्य पढ़ा होगा कि यह पृथ्वी पर उत्पन्न भ्रम मात्र है। पृथ्वी अपने वृत्त या कक्ष पर 23½ डिग्री के कोण पर झुकाव के साथ पश्चिम से पूर्व की ओर घूमती है, इसी से हमें सूर्य घूमता हुआ प्रतीत होता है। इसी के कारण विभिन्न ऋतुएं भी आती हैं।

पूर्व में स्थित जापान में औपचारिक तौर पर दिन की शुरूआत मानी जाती है। इसीलिए जापान को 'द लैंड ऑफ द राइज़िंग सन' के नाम से जाना जाता है। नॉर्वे में चकित करने वाला एक तथ्य यह देखा जा सकता है कि वर्ष के कुछ महीनों में सूर्य यहां रात-भर चमकता रहता है। इन्हें 'सोलर-रातें' कहते हैं और यह देश इसीलिए 'द लैंड ऑफ द मिडनाइट सन' के नाम से प्रसिद्ध है। इसी तरह से सर्दी के कुछ महीनों में यहां दिन के समय सूरज अपना चेहरा तक नहीं दिखाता है। नॉर्वेवासियों के लिए ये 'काले-दिनों' की तरह होते हैं। सूर्य हमें बारह महीनों असीमित प्रकाश और ऊष्मा निःशुल्क प्रदान करने वाला आपूर्तिदाता है। इसका प्रकाश पृथ्वी तक पहुंचने में 8½ मिनट का समय लेता है। सूर्य की किरणें, जो देखने में विशुद्ध सफेद प्रतीत होती

हैं। यह दसअसल सात मौलिक रंगों का मिश्रण होती हैं, जिसमें बैंगनी, नीला, आसमानी, हरा, पीला, संतरी और लाल शामिल हैं। (Voilet, Indigo, Blue, Green, Yellow, Orange, Red= VIBGYOR)। इस तथ्य की प्रमाणिकता न्यूटन ने सिद्ध की थी।

सूर्य की किरणें विशुद्ध सफेद दिखाई पड़ती हैं, लेकिन ये सात मौलिक रंगों का मिश्रण होती हैं।

जब सूर्य की किरण को शीशे के प्रिज़्म से गुज़ारा जाता है, तो यह किरण रंगों की धारियों के रूप में विभाजित हो जाती है। रंगों की यह धारी एक छोर पर बैंगनी होती है और दूसरे छोर पर लाल। इसे प्रतिबिम्ब कहते हैं। आकाश में जो इंद्रधनुष आप देखते हैं, वो प्रकृति का अद्भुत प्रतिबिम्ब ही होता है। तारों और ग्रहों के अध्ययन में प्रयोग किया जाने वाला विकसित उपकरण-स्पेक्ट्रोस्कोप या प्रतिबिम्बदर्शी इसी सिद्धांत पर आधारित है। बेवेरिया के जोसेफ वॉन फ्रेनहूफर (1787-1826) अपनी योग्यता और कठोर परिश्रम के दम पर लेंसों और प्रिज़्मों के महान निर्माता बने। बाद में, वे म्यूनिख में एक ऑप्टिकल संस्था के प्रमुख भी रहे। प्रिज़्म पर चल रहे अपने प्रयोगों के दौरान उन्हें सूर्य के प्रतिबिम्बदर्शी में कुछ काली रेखाएं नज़र आईं। इससे पहले कि वे इन रेखाओं पर आगे कोई अध्ययन कर पाते मात्र 39 वर्ष की आयु ही में उनका निधन हो गया। उनके द्वारा अन्वेक्षित वे काली रेखाएं आज भी फ्रेनहूफर रेखाओं के नाम से जानी जाती हैं। जर्मनी के एक अन्य वैज्ञानिक गस्ताव रोबर्ट किर्चऑफ (1824-1887) ने 1859 में हाइडलबर्ग स्थित एक प्रयोगशाला में 'प्रतिबिम्बदर्शी खगोलशास्त्र' का आरम्भ किया। प्रतिबिम्बदर्शी की सहायता से इन्होंने फ्रेनहूफर की रेखाओं का ही अध्ययन किया और इन्होंने पाया कि ये रेखाएं सूर्य पर एक अलग ही रसायनिक तत्व की उपस्थिति का संकेत दे रही थीं। निष्कर्ष यह निकाला गया कि सूर्य पर सोडियम, मैग्नीशियम, आयरन, कैल्शियम, निकल, कॉपर और जिंक, सब शामिल हैं।

नौ वर्षों की मेहनत के बाद प्रतिबिम्बदर्शी के साथ किए गए एक अन्य महत्त्वपूर्ण अन्वेक्षण का यहां उल्लेख अवश्य किया जाना चाहिए, इंग्लैंड के नॉरमन लॉकियर (1836-1920) ने एक ऐसे क्रोमोस्फियर या वर्णमंडल का परीक्षण किया, जो एक नियमित सौर-वायुमंडल की तरह ही था, उन्होंने भी सूर्य के प्रतिबिम्ब में एक असामान्य रेखा को ढूंढ़ निकाला। पृथ्वी पर इसे किसी भी तत्त्व से मेल

खाता नहीं माना जा सकता था। यह सूर्य पर किसी विशेष तत्त्व के होने को दर्शा रहा था। इस नए पदार्थ का नाम ग्रीक शब्द हीलियोज़, अर्थात् सूर्य के नाम पर 'हीलियम' रखा गया। माना जाता है कि हीलियम अब हमारी पृथ्वी पर भी है, लेकिन बहुत ही कम मात्रा में।

स्पेक्ट्रोहीलियोग्राफ–एक विशेष प्रकार के इस उपकरण को अमेरिका के एक खगोलशास्त्री प्रोफेसर जॉर्ज एलरी हेले (1868–1938) और खगोलभौतिक-विज्ञानी एम. हेनरी एलेक्जेंडर डेसलेंड्रेस (1853–1948) ने डिज़ाइन किया। दूरबीन और प्रतिबिम्बदर्शी का मिश्रण यह अमूल्य उपकरण था, जिससे वर्णमंडल की गहन जांच की जा सकती थी। इसी से हेले ने कई उपयोगी अन्वेक्षण किए।

सूर्य इतनी ऊर्जा कैसे छोड़ता है? पहले लोगों का विश्वास था कि सम्पूर्ण मानवता को निरंतर प्रकाश देने के लिए 'सूर्य स्वयं जल' रहा है। ये सच भी हो सकता था, लम्बे समय से दहक रहा प्रतापी सूर्य राख हो रहा होता। लेकिन, तर्क अनुसार देखें तो यह 'जल' नहीं रहा। जैसा कि पहले बताया जा चुका है कि सूर्य कोई ठोस या द्रव सामग्री का नहीं बना, इसमें केवल गर्म गैसें शामिल हैं। सूर्य में अरबों क्यूबिक किलोमीटर गैसें हैं, जिसमें 70 प्रतिशत भाग हाइड्रोजन गैस का है। हाइड्रोजन अन्य गैसों की अपेक्षा सबसे हल्की गैस है। इसके अतिरिक्त इसमें 26.5 प्रतिशत हीलियम और 3.5 प्रतिशत अन्य तत्त्व शामिल हैं।

सूर्य एक न्यूक्लिर रिएक्टर है, जिसमें 700 मिलियन टन हाइड्रोजन प्रति सेकेंड हीलियम में परिवर्तित हो रही है।

हमारा सूर्य एक नाभिकीय या न्यूक्लियर रिएक्टर है, जिसमें 700 मिलियन टन हाइड्रोजन प्रति सेकेंड हीलियम में परिवर्तित हो रही है। यह नाभकीय अभिक्रिया सूर्य के केन्द्रीय क्रोड में होती है। इस क्रोड की त्रिज्या (रेडियस) 4,00,000 किलोमीटर है। इसमें उत्पन्न ऊर्जा ऊपर सतह पर आती है। यहीं से सूर्य इसे मुख्यत: प्रकाश और ऊष्मा के रूप में अंतरिक्ष में विकिरण कर देता है। विकरण कर रही सूर्य की यह ऊपरी सतह 'प्रकाशमंडल' कहलाती है। इस प्रक्रिया में प्रति सेकेंड चार मिलियन टन से अधिक गैसें घटती-बढ़ती दर से निकल रही हैं, लेकिन क्या हमें भय होना चाहिए कि इसका ईंधन समाप्त हो जाएगा, नहीं! आधुनिक सिद्धांत के अनुसार सूर्य को 4.6 बिलियन वर्ष पुराना माना जाता है, इसकी गैसों का स्टॉक समाप्त होने में अभी इतना ही

सौर-आभा के शोलों की लपटें हज़ारों किलोमीटर ऊपर तक उठती हैं।

और समय यानी 4.6 बिलियन वर्ष या शायद इससे भी अधिक समय लग सकता है।

सूर्य की नाभकीय प्रक्रिया इसे ऊर्जा का अनंत भंडार देती है। क्या आप जानना चाहते हैं कि सूर्य हर सेकेंड कितनी ऊर्जा विकिरण करता है? 4×10^{26} जूल अर्थात् 4 के साथ 26 शून्य लगाकर आप सही आंकड़ा ले सकते हैं। जूल ऊर्जा की इकाई है, इसका नाम एक ब्रिटिश वैज्ञानिक जेम्स प्रिस्कॉट जूल (1818-1889) के नाम पर रखा गया है, इन्होंने ही जूल के नियम का प्रतिपादन किया था। ऊर्जा के इस विशालकाय उत्पादन में से पृथ्वी प्रति सेकेंड केवल 126×10^{12} हार्स पावर ही प्राप्त कर पाती है, जो सूर्य द्वारा विकिरण की गई ऊर्जा का 2,000 बिलियनवां हिस्सा है-ये एक पिन की नोंक के बराबर है। अन्य सभी ग्रह सूर्य द्वारा छोड़ी गई ऊर्जा का केवल 200 मिलियनवां हिस्सा ही प्राप्त करते हैं। शेष ऊर्जा अंतरिक्ष में ही गुम हो जाती है। एक अनुमान के अनुसार सूर्य अब तक कुल 5.5×10^{43} जूल ऊर्जा विकिरण कर चुका होगा। सूर्य के प्रकाश की किरणें सभी दिशाओं में 2,99,800 किलोमीटर प्रति सेकेंड की तीव्रतम गति से फैलती हैं। लकड़ी, कोयला और पेट्रोलियम जैसे पारम्परिक ऊर्जा स्रोतों के अंधाधुध प्रयोग से आज इन संसाधनों के भंडार तेज़ी से कम होते जा रहे हैं और इस गम्भीर समस्या ने लोगों को सावधान कर दिया है कि वे सूर्य और पवन ऊर्जा जैसे गैर-पारम्परिक स्रोतों का प्रयोग करें। भारत सहित प्रत्येक देश ने औद्योगिक विकास के साथ-साथ घरेलू उपयोगों के लिए सौर-ऊर्जा को अपनाने के लिए कई परियोजनाएं शुरू की हैं।

सभी ग्रह सूर्य द्वारा छोड़ी गई ऊर्जा का 200 मिलियनवां हिस्सा ही प्राप्त करते हैं।

यदि सूर्य इतनी विशाल भट्ठी है, तो आप अनुमान लगा सकते हैं कि इसकी सतह कितनी गर्म होगी। सूर्य के प्रकाशमंडल का तापमान 6,000 डिग्री सेल्शियस है। (हमारी पृथ्वी की सतह का तापमान केवल 60 डिग्री सेल्शियस है)। इसके नीचे यानी सूर्य के केन्द्रीय क्रोड का तापमान 2,10,00,000 डिग्री सेल्शियस है और इसका दबाव कितना है, इसकी तो हम कल्पना भी नहीं कर सकते। सूर्य का प्रकाश इतना तीव्र है कि वैज्ञानिक और डॉक्टर लोगों को सलाह देते हैं कि सीधे सूर्य की ओर न देखें, फिर भले ही यह धीमा ही क्यों न पड़ रहा हो, आँखों के लिए यह हानिकारक हो सकता है। हालांकि, दूरबीन से

देखने पर सूर्य बनावट में खुरदरा और दानेदार दिखाई पड़ता है।

सूर्य दो प्रकार से गति करता है। पहला, यह ऊपर की ओर प्रज्ज्वलित 280 किलोमीटर प्रति सेकेंड की गति से एक दैत्य की तरह घूमता है। जैसा कि बताया जा चुका है कि सूर्य सघन गैसों का बना है, इसीलिए इसके एक घूर्णन की समयावधि का अनुमान नहीं लगाया जा सकता है। अपनी भूमध्य रेखा के निकट यह 25 दिनों में एक चक्कर पूरा करता है, लेकिन ध्रुवों के निकट यह एक चक्कर में 34 से 38 दिनों का समय लेता है। दूसरा, सूर्य सौर-परिवार के सभी ग्रहों और अपने सहचरियों के समूह के साथ 19 किलोमीटर प्रति सेकेंड की गति से घूम रहा है। ये अपनी गैलेक्सी के अरबों तारों के बीच उत्तरी खगोल में हक्यूल्स नाम के तारामंडल की ओर जाता है। इस तारामंडल का पता सर विलियम हर्शेल के अतिरिक्त कई अन्य वैज्ञानिकों ने भी लगाया था। सौर-परिवार लीरा नाम के तारामंडल में लाल तारे 'वेगा' की ओर बढ़ रहा है।

सूर्य एक दैत्य की तरह ऊपर की ओर प्रज्ज्वलित 280 किलोमीटर प्रति सेकेंड की गति से घूमता है।

खगोलशास्त्रियों ने सूर्य में कुछ और रोचक तथ्य भी ढूंढ़ निकाले। आप यह सोचते होंगे कि हमारा 'दिन का तारा' यानी सूर्य एकदम सुनहरा, स्पष्ट और धब्बारहित पिंड होगा, लेकिन गैलिलियो की ऑप्टिकल ट्यूब ने सूर्य के दीप्तिमान प्रकाशमंडल में कई काले धब्बों का पता लगाया, इन्हें सौर-धब्बों के नाम से जाना जाता है। सूर्य पर बने इन चकतों को जर्मनी में क्रिस्टोफ स्काइनर के अलावा हॉलैंड में जोहेनास फ्रेबिकस (1587-1615) ने भी देखा था।

ये सौर-धब्बे रंग में गहरे, अपने आस-पास के क्षेत्रों से ठंडे और आकार में छोटे-बड़े होते हैं। नाम इन्हें भले ही धब्बों का दिया गया हो, लेकिन ये लम्बाई में अनुमानतः 1,45,000 किलोमीटर और चौड़ाई में 96,000 किलोमीटर जितने आकार के हैं। इन धब्बों के समूहों का माप लम्बाई में 3,20,000 किलोमीटर तक भी है।

हम पीछे पढ़ ही चुके हैं कि सूर्य की सतह का तापमान 6,000 डिग्री सेल्शियस रहता है, वहीं इन चकतों के आस-पास का तापमान केवल 4,000 डिग्री सेल्शियस ही होगा। प्रायः ये धब्बे समूहों में दिखाई पड़ते हैं। जो छोटे होते हैं, वे कुछेक घंटों में लुप्त हो जाते हैं, जबकि बड़े धब्बे या धब्बों के समूह महीनों तक भी रहते हैं। सक्रिय

सौर-धब्बे कभी-कभी वर्णमंडल पर विस्फोट पैदा करते हैं, जिन्हें 'सौर-विस्फोट' या 'सोलर फ्लेर्स' कहा जाता है। यही विस्फोट पृथ्वी पर रेडियो सुनने में समस्या का कारण भी बनते हैं। यह धमाके कुछ ही मिनटों में विकसित होते हैं और फिर घंटों तक रहते हैं। इनमें अधिकतर पराबैंगनी विकिरणें शामिल होती हैं।

वैज्ञानिक सेम्युअल हेनरिच स्चवाबे (1789-1875) के एक आविष्कार के लिए विज्ञान-जगत उनका सदैव आभारी रहेगा। जर्मनी के एक मेडिकल स्टोर में काम करने वाले स्चवाबे ने मन बहलाने के लिए एक छोटे-से टेलीस्कोप से सौर-धब्बों का गहन अध्ययन किया। कम-से-कम 17 वर्षों तक चले इस अनुसंधान के बाद सन् 1874 में वे इस निष्कर्ष पर पहुंचे कि इन सौर-धब्बों का दिखना और अदृश्य होना 10 वर्ष के बाद होता है। बाद में, स्विटज़रलैंड के ज्यूरिख के वैज्ञानिक रूडोल्फ वोल्फ (1816-1893) ने इस समय की सही गणना 11 वर्ष 11 माह निकाली। इस अवधि को 'सौर-धब्बों का चक्र' कहा जाता है।

जॉर्ज हाले ने अपने अध्ययनों के आधार पर इन तथ्यों में कुछ और

महत्त्वपूर्ण बातें जोड़ी। पहला, ये धब्बे 'सौर-वायुमंडल में उठने वाले घूर्णन करते तूफानों के कारण' होते हैं। दूसरा, एक दृश्य-धब्बा सदैव एक अन्य 'अदृश्य धब्बे' से जुड़ा होता है, जो गहरा नहीं होता कि पृथ्वी से दिखाई पड़े।

सूर्य की एक अन्य महत्त्वपूर्ण विशिष्टता है, सूर्य-ग्रहण। खगोलीय पिंडों की परिक्रमाओं के दौरान एक समय ऐसा आता है, जब पृथ्वी और सूर्य के ठीक बीच में चंद्रमा आ जाता है, और यह सूर्य को आंशिक रूप से या पूरी तरह से ढक लेता है। इसे कहते हैं-सूर्य का ग्रहण लगना। लेकिन, चंद्रमा तो सूर्य से 400 गुना छोटा है, तो ऐसे कैसे यह सूर्य को पूरा ढक सकता है? आश्चर्य की बात है कि एक छोटा-सा पिंड-चंद्रमा इस विशालकाय सूर्य को कैसे छिपा सकता है? ऐसा इसीलिए संभव है क्योंकि चंद्रमा सूर्य की अपेक्षा पृथ्वी के 400 गुना निकट भी तो है। सूर्य-ग्रहण एक ही समय पर पूरे विश्व में एक साथ नहीं देखा जा सकता, लेकिन हाँ, कुछ स्थानों पर यह एक साथ अवश्य दिखाई पड़ता है। चंद्रमा पृथ्वी के चारों ओर

सूर्य-परिमंडल या सन कोरोना

परिक्रमा करते हुए पूरा एक चक्कर 29½ दिन में पूरा करता है।

सूर्यग्रहण तीन प्रकार के होते हैं। आंशिक ग्रहण, पूर्ण ग्रहण और एन्यूलर या वलयाकार ग्रहण। ग्रहण में जब चंद्रमा सूर्य को पूरी तरह से ढक लेता है, तो यह 'पूर्ण ग्रहण' कहलाएगा। ऐसा ग्रहण कभी-कभार ही लगता है। कहते हैं कि पृथ्वी के किसी एक स्थान पर पूर्ण सूर्यग्रहण 360 वर्षों में एक बार आता है। खगोलविज्ञानियों के लिए सूर्य के विभिन्न अन्वेक्षण करने के लिए एक पूर्ण सूर्यग्रहण बहुत ही अनुकूल समय होता है, लेकिन यह सिर्फ कुछ ही मिनटों के लिए होता है। पूर्ण ग्रहण आठ मिनट से अधिक समय का कभी नहीं लगा। इसीलिए, वैज्ञानिक अपने सभी उपकरणों के साथ उन दूरस्थ स्थानों पर पहुंच जाते हैं, जहां पूर्ण सूर्यग्रहण दिखाई पड़ना हो।

सूर्यग्रहणः पूर्ण, आंशिक और वलयाकार ग्रहण।

जब कभी चंद्रमा पृथ्वी से दूर होता है और सूर्य को पूरा न छिपाकर, उसे आंशिक रूप से ही छिपा पाता है, तो इसे 'आंशिक ग्रहण' कहते हैं। ग्रहण के दौरान एक समय ऐसा भी आता है जब चंद्रमा पूरे सूर्य को एक काली डिस्क की तरह ढक लेता है, ऐसे में यह इसके किनारे पर एक सुंदर छल्लेदार चमकीली रेखा का भाग छोड़ देता है, यह 'वलयाकार' या 'एन्यूलर ग्रहण' कहलाता है। लैटिन भाषा के शब्द 'एन्यूलस' का अर्थ होता है 'एक छल्ला'। उसी छल्ला-आकृति के कारण इसे 'वलयाकार ग्रहण' कहते हैं। साधारण मनुष्य के लिए वैज्ञानिकों और डॉक्टरों की यह चेतावनी रहती है कि किसी भी ग्रहण की ओर सीधे या चश्मा लगाकर न देखें, यह आँखों को गम्भीर क्षति पहुंचा सकता है।

सूर्यग्रहण केवल चांद बनने के दिनों में लगता है। एक वर्ष में दो से पाँच तक सूर्यग्रहण लग सकते हैं। एक विशेषता यह भी है कि सूर्यग्रहण प्रत्येक माह नहीं लगता क्योंकि पृथ्वी और चंद्रमा के परिक्रमा-पथ एक ही तल पर नहीं हैं। चंद्रमा कभी तो पृथ्वी के पथ से ऊपर, तो कभी नीचे से गुज़रता है। पूर्ण सूर्यग्रहण का दृश्य अद्भुत होता है। जब सूर्य को चंद्रमा द्वारा पूरी तरह से ढक लिया जाता है, लाल प्रकाश से भरा एक चमकीला 'परिमंडल' पृथ्वी पर दिखाई पड़ता है। सूर्य के वर्णमंडल के ऊपर सूर्य-डिस्क की एक असामान्य तस्वीर दिखाई पड़ती है। 'कोरोना' या 'परिमंडल' प्रकाशमान,

उच्च तापमान वाली कुछ विरली गैसों का एक आवरण है। यह सूर्य के बहुत निकट होती है। सूर्य के आवरण से प्रकाश रूपी इन लपटों का उठना 'सौर-विशिष्टता' कहलाता है, जो सैकड़ों-हज़ारों किलोमीटर की ऊंचाई तक उठती हैं। एक बड़ी ग्रहण विशिष्टता सन् 1919 में 7,52,000 किलोमीटर तक ऊपर उठी थी। यह रिकॉर्ड तब टूटा, जब अगले ही वर्ष यह ज्वाला 9,30,000 किलोमीटर की ऊंचाई तक उठी।

सूर्य की ये दहक आकृति, आकार व गति में बदलती रहती हैं। कभी-कभी ये महीनों तक रहती हैं। ये सक्रिय या शांत, दोनों प्रकार की हो सकती हैं। सक्रिय विशिष्टताओं का सौर-धब्बों के साथ कुछ जुड़ाव अवश्य प्रतीत होता है। वैज्ञानिकों के लिए सौर-विशिष्टताएं एक अनसुलझी पहेली हैं। अनुमान है कि ये सूर्य के चुम्बकीय बलों के कारण उत्पन्न होती हैं। स्वीडन के ब्रिजर वेसेनियस ने सन् 1733 में सबसे पहले सूर्य के इस आश्चर्यजनक दृश्य का वर्णन किया था। जॉन एवरशेड (1864-1956) तमिलनाडु के कोडाइकनाल में एक प्रयोगशाला के निदेशक थे, इन्होंने सूर्य की 60,000 विशिष्टताओं को रिकॉर्ड किया था।

सन् 1919 में एक बड़ी ग्रहण विशिष्टता 7,52,000 किलोमीटर ऊपर तक उठी थी।

पृथ्वी के उत्तरी व दक्षिणी ध्रुव के निकट सूर्य इससे भी अद्भुत दृश्य प्रस्तुत करता है। सौर-विस्फोट विद्युतीय कण छोड़ते हैं, जो सूर्य और पृथ्वी के बीच की 150 मिलियन किलोमीटर की दूरी तय करने के बाद पृथ्वी के वायुमंडल के ऊपरी भाग में प्रवेश करते हैं। परिणामस्वरूप लाल व हरे रंग का चमकीला प्रकाश पट्टियों में फहराते हुए आकाश में दिखाई पड़ता है। ये प्रकाश पृथ्वी से 80 से 160 किलोमीटर ऊपर होता है। उत्तरी गोलार्ध में इसे 'उत्तर ध्रुवीय ज्योति' और दक्षिणी गोलार्ध में 'दक्षिण ध्रुवीय ज्योति' कहा जाता है। 'उत्तरी प्रकाश' और 'दक्षिणी प्रकाश' भी इन्हीं के नाम हैं। ये अधिकतर सौर-धब्बों की अवधि चक्र के दौरान दिखाई पड़ते हैं।

ये कैसा प्रकाश है? किन कारणों से ये उत्पन्न होता है? खगोलविज्ञानी इन प्रश्नों का उत्तर ढूंढ़ने में लगे हैं। सौर-परिवार के प्रधान-सूर्य में ऐसी असंख्य पहेलियां छिपी हैं।

आप सोचते होंगे कि हमारा सूर्य कैसा अशांत तारा है? वास्तव में यह ऐसा ही है। हाल के वर्षों में रेडार और शॉर्ट वेव रेडियो रिसीवर

की उपलब्धता के बाद सूर्य का एक अन्य रूप सामने आया है, जो निश्चित ही हमें चकित कर देने वाला है। अपने इस रूप में सूर्य एक शक्तिशाली 'प्रसारण केन्द्र' की भूमिका निभाता हुआ लगता है, जिसमें यह संगीत का नहीं, बल्कि अत्यधिक उच्च आवृत्ति के शोरगुल करने वाले रेडियो सिग्नलों का प्रसारण कर रहा है। यह अन्वेक्षण सन् 1942 में ब्रिटिश रेडार सेट्स पर हुआ था। सौर-धब्बों और बड़े सोलर फ्लेर्स के धमाकों के समय ये सिग्नल प्रायः देखे जाते हैं। सौर-शोरगुल का यह गड़बड़झाला कभी-कभार हमारे रेडियो कार्यक्रमों के प्रसारण में अवरोध उत्पन्न कर देता है। इसी तरह की विद्युत-चुम्बकीय विकिरण तरंगें अन्य असंख्य पिंडों द्वारा भी उत्सर्जित की जा रही हैं। इन्हें मापने और इनका विश्लेषण करने के बाद वैज्ञानिकों ने तारों के बारे में महत्त्वपूर्ण आंकड़े एकत्रित किए हैं। इस अध्ययन को 'रेडियो एस्ट्रोनमी' या 'रेडियो खगोलशास्त्र' कहते हैं।

तारामंडलों में से कुछ तारों की रोशनी नियमित अंतरालों के बाद घटती व बढ़ती प्रतीत होती है। प्रत्येक तारे के लिए इसकी अवधि अलग-अलग हो सकती है। ऐसे तारे 'अस्थिर तारे' कहलाते हैं। इनकी अजब-गज़ब दुनिया के बारे में हम आगे चर्चा करेंगे। यू.एस.ए. में खगोलशास्त्री और भौतिकी के एक वैज्ञानिक हुए, उनका नाम था-डॉ. चार्ल्स ग्रिले अबूट (1872-1973)। इस शताब्दी के आरंभिक वर्षों में उन्होंने सूर्य पर एक अनुसंधान किया, जिसके निष्कर्षों के अनुसार ग्यारह वर्ष की अवधि में उन्हें सूर्य में मामूली परिवर्तन देखने को मिले थे, जिससे यह अनुमान लगाया गया क़ि सूर्य भी एक अस्थिर तारा हो सकता है। अबूट के इस अन्वेक्षण को सुनिश्चित किया जाना अभी भी शेष है।

सूर्य के पास असीम शक्तियां हैं और यह असंख्य चमत्कार करता है, परंतु क्या कभी ऐसा होगा कि एक दिन इसकी चमक समाप्त हो जाएगी? क्या इस दैत्याकार तारे का अंत हो जाएगा? क्या प्रकाश और ऊष्मा का इतना बड़ा वितरक काला और ठंडा पड़ जाएगा? दुर्भाग्यपूर्ण बात यह है कि हाँ, यह सत्य है। अन्य सभी तारों की तरह हमारा सूर्य भी एक दिन समाप्त हो जाएगा, लेकिन सैकड़ों या हज़ारों नहीं बल्कि अरबों वर्षों के बाद।

कैसा होगा इसका अंत? हमारी आकाशगंगा, जिसमें हमारा पूरा सौर-परिवार समाया है, 12 बिलियन वर्षों से भी अधिक पुरानी है और बाद में इसमें शामिल होने वाला सूर्य 4.6 बिलियन वर्ष पुराना है। अन्य सभी तारों की तरह सूर्य को धूल और गैस के बादल के रूप में होना चाहिए था, लेकिन समय के साथ-साथ जैसे-जैसे ये बादल सघन होता गया, अपने गुरुत्वाकर्षण बल के कारण इसने एक निश्चित आकार, तापमान और प्रकाश अर्जित कर लिया।

अपने जीवन काल के दूसरे चरण में पहुंच चुका सूर्य अभी एक पीला तारा है। धीरे-धीरे यह और फूल जाएगा, बड़ा होते हुए यह अत्यधिक गर्म होता चला जाएगा। असहनीय सीमाओं के भी परे असीमित ऊष्मा छोड़ते हुए लगभग 10^9 वर्षों के बाद यह एक लाल दैत्य पिंड का रूप ले लेगा। 'बुध पक जाएगा और शुक्र भुन जाएगा।' हमारी पृथ्वी पर अत्यधिक भयंकर गर्मी होगी; इसकी नदियां, झरने और समुद्र उबलकर सूखने लगेंगे, पेड़-पौधे और जीव-जंतु झुलस कर

अन्य तारों की तरह हमारा सूर्य भी एक दिन समाप्त हो जाएगा।

मर जाएंगे और जिस पृथ्वी पर कभी जीवन प्रस्फुटित हुआ था, वो एक बंजर-उजाड़ बनकर रह जाएगी। ऐसी परिस्थितियां आने में अभी अरबों वर्ष का समय लगेगा। गर्म गैसों से परिपूर्ण रहने वाला सूर्य धीरे-धीरे अपना भंडार समाप्त कर चुका होगा अर्थात् इसके नाभकीय ऊर्जा के सभी स्रोत प्रयोग किए जा चुके होंगे।

'बुध पक जाएगा और शुक्र भुन जाएगा।' हमारी पृथ्वी पर भीषण गर्मी होगी।

अपने अंतिम चरण के क्रम में सूर्य सिकुड़ना प्रारम्भ हो जाएगा, इसका रंग लाल से सफेद होता चला जाएगा, चमक उड़ जाएगी, यह अपनी शान भी खो देगा, इसके अंदर का तापमान घट जाएगा और हमारा महान सूर्य ढह कर एक नन्हे तारे में परिवर्तित हो जाएगा, इतना छोटा कि पृथ्वी भी उसके सामने बड़ी रह जाएगी। ऐसे में सूर्य बहुत सघन और भारी हो जाएगा। यह तारों के विभिन्न प्रकारों में से 'व्हाइट ड्वाफ' या 'सफेद बौना' की श्रेणी का हो जाएगा।

अपने सारे ईंधन को समाप्त कर 4.6 बिलियन वर्षों के बाद सूर्य काला और एकदम ठंडा पड़ जाएगा। तब तक यह मर चुका होगा और शांत होकर गुमनामी के अंधेरे में खो जाएगा। विशाल सौरमंडल पर एक सर्वेसर्वा राजा की तरह राज करने वाले सूर्य नाम के इस खगोलीय गोले का यही अंत होगा। अन्य सभी तारों का भी ठीक ऐसा ही क्रमिक विकास और अंतत: विनाश होगा।

अब चूंकि हमारी पृथ्वी का जीवन भी इसी राजा से जुड़ा है, राजा के अंत के बाद पृथ्वी भी मृत हो जाएगी; बर्फ और अंधेर चट्टानों की काली गेंद बनकर अंतरिक्ष की इस भयानक शान्ति में खो जाएगी।

बौने ग्रह

तारे और ग्रह मूल रूप से भिन्न-भिन्न हैं। तारा ग़ैस का एक विशाल चमकदार गुब्बारा है, जबकि ग्रह अपेक्षाकृत छोटा होता है और सूर्य जैसे किसी तारे के चारों ओर चक्कर लगाता है। ग्रह का स्वयं का कोई प्रकाश नहीं होता, बल्कि यह सूर्य से प्रकाश ग्रहण करता है और उसी का कुछ अंश परावर्तित करता है। यह परावर्तक बल 'एलबिडो' कहलाता है। यह बल हर ग्रह में अलग-अलग पाया जाता है। उदाहरण के लिए बुध (और चंद्रमा) में परावर्तक बल सूर्य के प्रकाश का केवल 7 प्रतिशत ही है, जो कि बहुत कम है। शुक्र ग्रह में यह 70 प्रतिशत सबसे अधिक है, इसके बाद वरुण में यह बल 55 प्रतिशत है। यूरेनस में परावर्तक बल 45 प्रतिशत और फिर शनि में 42 प्रतिशत है। चारों ओर से सागर से ढकी हुई हमारी पृथ्वी पर 'एलबिडो' 40 प्रतिशत है।

नौ ग्रहों को दो समूहों में वर्गीकृत किया गया है: बौने ग्रह और दैत्याकार या बड़े ग्रह।

सभी नौ ग्रह दो समूहों में वर्गीकृत किए गए हैं: बुध, शुक्र, पृथ्वी, मंगल और प्लूटो, ये सघन और छोटे ग्रह हैं। अन्य चार बड़े या दैत्याकार ग्रहों की श्रेणी में आते हैं। पृथ्वी, बुध, शुक्र और मंगल, सूर्य के निकट स्थित हैं, इन्हें आंतरिक ग्रह भी कहा जाता है जबकि अन्य पाँच बृहस्पति, शनि, यूरेनस, वरुण, प्लूटो, सूर्य से दूरी पर स्थित होने के कारण बाहरी ग्रह कहलाते हैं। बड़े ग्रहों की अपेक्षा आंतरिक ग्रह आकार में बौने हैं।

बुध और शुक्र को छोड़कर शेष सभी ग्रहों के उनसे छोटे सहचरी ग्रह हैं, जो स्वयं उनके चक्कर लगा रहे हैं। ये द्वितीयक ग्रह 'उपग्रह' कहलाते हैं। अपने अक्ष पर घूमते हुए उपग्रह अपने-अपने ग्रहों के चक्कर लगाते हैं, और फिर उनके साथ ही सौरमंडल के प्रधान-सूर्य के चारों ओर एक साथ चलते हैं। यह प्रक्रिया इन खगोलीय पिंडों के मध्य निरंतर चलती जा रही है।

बुध

सूर्य के सबसे निकट बुध, सूर्य का एक चक्कर लगाने में सिर्फ 88 दिन का समय लेता है, जो सबसे कम है।

बुध का व्यास 4,880 किलोमीटर है और यह बौने ग्रहों की श्रेणी में आता है। प्लूटो की खोज से पहले इसे सबसे छोटा ग्रह माना जाता था। इसका परिक्रमा-पथ सूर्य से 50×10^6 किलोमीटर की दूरी पर स्थित है, जो सबसे निकट है।

मर्करी यानी बुध का नाम रोमनों के भगवान के संदेशवाहक के नाम पर रखा गया था और माना जाता था कि हर समय इस संदेशवाहक का पृथ्वी और स्वर्ग के बीच आना-जाना लगा रहता है, यह ग्रह कभी दिखता है, कभी अदृश्य हो जाता है और फिर दिखने लग जाता है, इसीलिए इसका नाम मर्करी रखा गया। बुध को सायं काल या प्रातः पौ फटने से पहले कभी-कभार देखा जा सकता है। बुध अपने अक्ष पर घूमने में 58 दिन का समय लेता है। सूर्य के निकट होने के कारण इसका परिक्रमा-पथ भी छोटा है, इसका एक चक्कर लगाने में यह मात्र 88 दिन का समय लगाता है। बुध चट्टानों की खाली गेंद जैसा दिखता है, जहां न वायु है न जल। लेकिन हाँ, चंद्रमा की सतह की तरह ज्वालामुखी के गर्त्त जैसे धब्बे इस पर अवश्य दिखाई पड़ते हैं।

शुक्र

बुध के बाद सूर्य के निकट जो ग्रह है, वो है शुक्र। सभी ग्रहों में सबसे अधिक चमकीला। वीनस यानी शुक्र नाम रोमनों की मान्यता के अनुसार प्रेम और सौंदर्य की देवी 'वीनस' के नाम पर रखा गया था। अपने नाम की ही तरह इस की चमक अद्‌भुत है और यह ग्रह सुंदरता से परिपूर्ण है। शुक्र ग्रह प्रातः काल और सायं काल का तारा कहलाता है। इस ग्रह में सबसे अधिक चमकने वाले तारे 'सिरिअस' से भी 15 गुना अधिक चमक है। खगोलशास्त्रियों के अनुसार शुक्र अर्धाकार चंद्रमा की तरह दिखाई देगा। गैलिलियो ने शुक्र के अवलोकन में इसके परिक्रमा चरणों पर ध्यान दिया। इसमें शुक्र की चमक के क्षेत्र का बढ़ना-घटना पृथ्वी से दिखाई पड़ रहा था।

शुक्र ग्रह को प्रातः काल और सायं काल के तारे के नाम से जाना जाता है।

सूर्य से शुक्र का परिक्रमा-पथ औसतन 108×10^6 किलोमीटर की दूरी पर स्थित है। इसे सूर्य का एक चक्कर लगाने में 7½ माह (224 दिन 16 घंटे 49 मिनट) का समय लगता है, जिसमें इसकी गति 35 किलोमीटर प्रति सेकेंड रहती है।

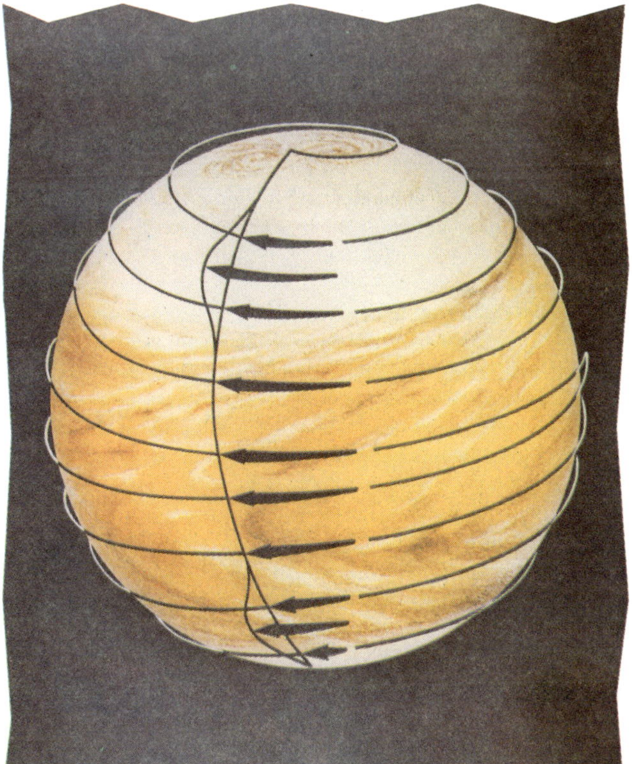

शुक्र का वायुमंडल

शुक्र अपने अक्ष पर अन्य सभी ग्रहों से धीमी गति पर घूमता है और पृथ्वी के 243 दिनों में यह अपना एक चक्कर पूरा करता है। शुक्र की दो अनूठी विशेषताओं को यहां बताया जाना आवश्यक होगा। पहली, ग्रहों से अलग (यूरेनस और संभवतः प्लूटो को छोड़कर) शुक्र अपने अक्ष पर पूर्व से पश्चिम की प्रतिगामी दिशा में घूमता है। दूसरी, यह एक मात्र ऐसा ग्रह है, जो उस दिशा में नहीं घूमता जिसमें वह स्वयं सूर्य के चक्कर लगाता है।

परिमाण में इस ग्रह की त्रिज्या और घनत्व ऐसे हैं जैसे 'पृथ्वी की जुड़वां बहन'। शुक्र का व्यास 12,320 किलोमीटर है जबकि पृथ्वी का 12,756 किलोमीटर है। शुक्र और पृथ्वी का घनत्व क्रमशः जल का 4.86 और 5.52 है। शुक्र का गुरुत्वाकर्षण बल पृथ्वी के गुरुत्वाकर्षण बल का 88 प्रतिशत है और यहां के मौसम भी पृथ्वी की तरह ही हैं।

शुक्र की सतह सलफ्युरिक अम्ल के घने बादलों से पूरी तरह धुंधली और अंधकारमय बनी पड़ी है। इसके वायुमंडल में 96 प्रतिशत दम घोटने वाली कार्बन डाइऑक्साइड और 4 प्रतिशत हाइड्रोजन है। इसमें उठने वाली ऊष्मा को कहीं जाने का रास्ता नहीं है और इसकी सतह 500 डिग्री सेल्शियस के उच्च तापमान पर तैर रही है। वास्तव में, इस ग्रह पर जीवन कभी नहीं पनप सकता। यहां पर ज्वालामुखी जैसे बड़े-बड़े गर्त्त, उजड़ी घाटियां और पर्वत ही देखने को मिलेंगे।

शुक्र की सतह सलफ्युरिक अम्ल के घने बादलों से पूरी तरह धुंधली-अंधकारमय बनी पड़ी है।

शुक्र की खंडवार परतें

चंद्रमा से पृथ्वी का दृश्य

पृथ्वी

बुध और शुक्र के बाद सूर्य से 15 मिलियन किलोमीटर की दूरी पर पंक्ति क्रम में तीसरे स्थान पर स्थित है-पृथ्वी। रोमनवासियों ने इसे अपनी देवी 'टेरा' का नाम दिया। पृथ्वी के जन्म को लेकर भू-विज्ञानियों की विभिन्न मान्यताओं में से एक सिद्धांत के अनुसार बहुत-बहुत समय पहले सूर्य से गैस का एक विशालकाय गुब्बार निकला। यह तेज़ी से घूम रहा था। लाखों वर्षों तक यह गुब्बार ठंडा होता रहा और अंततः पृथ्वीमंडल बन गया। अंतरिक्ष से देखने पर यह ठोस चट्टानों की बनी एक विशाल नीली गेंद के रूप में दिखती है। माना जाता है कि हमारी पृथ्वी $5{,}500 \times 10^6$ वर्ष पुरानी है।

इसकी सतह का तापमान 60 डिग्री सेल्शियस है। सतह से गहराई में जाते-जाते यह और गर्म होती जाती है। पृथ्वी के अंदर के केन्द्र बिन्दु का अनुमानित तापमान 5,500 डिग्री सेल्शियस है और यह भी माना जाता है कि यहां पिघले हुए लौह की एक बड़ी सी गेंद है,

जिसका व्यास 6,500 किलोमीटर है। इसका अर्थ है कि सतह का ऊपरी एक अंश ठंडा आंतरिक भाग अत्यंत गर्म है। हमारी पृथ्वी सदैव 'कांपती' भी रहती है और इसीलिए यहां हर दूसरे-तीसरे मिनट में कहीं न कहीं भूकम्प भी आता रहता है।

पृथ्वी अपने अक्ष पर एक चक्कर 24 घंटे में पूरा करती है। एकदम सही गणना करने पर यह समय 23 घंटे 56 मिनट 22.7 सेकेंड है और यही हमारा एक दिन है। दूसरे, हमारी पृथ्वी सूर्य के चारों ओर अपने अंडाकार परिक्रमा-पथ पर 29.2 किलोमीटर प्रति सेकेंड की गति से चक्कर लगाती है। पूरा एक चक्कर लगाने में यह 365 दिन, 6 घंटे, 9 मिनट और 10 सेकेंड का समय लेती है और यही हमारे एक वर्ष का सही आकलन है।

अपने अक्ष पर पृथ्वी एक घूर्णन 23 घंटे, 56 मिनट और 22.7 सेकेंड में पूरा करती है।

शायद आप ने अपनी भूगोल की कक्षा में पढ़ा होगा कि पृथ्वी का तीन-चौथाई भाग समुद्रों से ढका है, इसीलिए इसे 'जलीय-ग्रह' कहते हैं। जल ही हमारे ग्रह को जीवन योग्य बनाता है और जल अमूल्य है। जीवन के लिए यह एक अमृतरूप है। हम यह जानते हैं कि पूरे सौरमंडल में पृथ्वी एकमात्र ऐसा ग्रह है जिस पर जीवन संभव है।

हम पृथ्वी के एक-चौथाई भूमि-क्षेत्र पर रहते हैं, यह क्षेत्र समुद्रों से घिरा हुआ है। इस तरह वास्तव में हम एक द्वीप पर रह रहे है। हमारा द्वीप अंतरिक्ष में बिना किसी सहारे के लटका हुआ है और अपने अक्ष पर घूमता हुआ यह वर्ष-भर में सूर्य का एक चक्कर पूरा करता है, यह सब जानकर क्या आप किसी प्रकार का भय या रोमांच अनुभव नहीं करते? सबसे अधिक चकित करने वाला पहलू यह है कि हम किसी भी गति को अनुभव नहीं कर पाते। ऐसा क्यों है? ऐसा केवल इसीलिए है कि हम सब भी तो पृथ्वी की सतह और इस पूरे वायुमंडल के साथ-साथ ही गति कर रहे हैं। जननी रूपी हमारी पृथ्वी पूरी मानव जाति, सारे पर्वतों, नदियों, घाटियों, समुद्रों, महासागरों, पेड़-पौधों और पशुओं को अपने परिक्रमा-पथ पर उठाए लाखों वर्षों से अंतरिक्ष में घूम रही है और यूं ही घूमती रहेगी। ऐसी गति में भी पृथ्वी की सतह से सभी वस्तुएं उड़ती नहीं, समुद्र का पानी ऊपर नहीं उठता और हम भी कहीं नहीं लुढ़कते। ऐसा कैसे होता है?

इस जादू को गुरुत्वाकर्षण कहते हैं। न्यूटन के सार्वभौमिक गुरुत्वाकर्षण

नियम के अनुसार किसी वस्तु के परिमाण या द्रव्यमान से अधिक शक्तिशाली होता है-आकर्षण बल। हमारी पृथ्वी का भार 6,600 दस खरब ($6,600 \times 10^{18}$) टन है और अवश्य ही इसमें असीम गुरुत्वाकर्षण बल भी है जो कि न केवल सबको सतह पर ही खींचे रखता है बल्कि अंतरिक्ष में काफी ऊंचाई तक भी फैला रहता है। इसी प्रभाव के कारण हम सब सतह पर जुड़े रहते हैं, अन्यथा हम हवा में तैरते रहेंगे और उस स्थिति में बैठना, खड़े रहना, खाना, पीना या सोना नहीं हो सकेगा। मनुष्य जब ऊपर अंतरिक्ष में जाता है, तो वह स्वयं भारमुक्त हो कर हवा में तैरना शुरू कर देता है। इसके अतिरिक्त जल बिन मछली की तरह उसका दम घुटने लगता है क्योंकि वहां वह पर्याप्त सांस नहीं ले पाता।

गुरुत्वाकर्षण के प्रभाव के कारण ही हम पृथ्वी की सतह से जुड़े रहते हैं।

मंगल

पृथ्वी के बाद बौने ग्रहों की पंक्ति में सबसे अंतिम ग्रह है–मंगल या मार्स। ऐतिहासिक शहर रोम के पौराणिक संस्थापक रोमुलस और रिमस के पिता, युद्ध के ईश्वर–मार्स के नाम पर इसका नाम रखा गया था। बेबीलोनिया के खगोलशास्त्रियों ने मृत्यु और महामारी के अपने देवता–'नेरगल' के नाम पर इसे नाम दिया। ग्रीकवासियों ने इसे अपने युद्ध के देवता 'एरेस' के नाम से पुकारा। मार्स का पारम्परिक चिन्ह ढाल और भाला हुआ करता था। पुरातन खगोल–विज्ञानियों के लिए मंगल एक रहस्यमयी पिंड था। इसका नाम 'मार्स' लोगों के मन में एक भय बैठाए हुआ था क्योंकि शायद यह रंग में सुर्ख लाल था और इसकी घूमने के गति असामान्य रूप से तेज़ थी।

रंग में सुर्ख लाल मंगल का नाम रोमनवासियों के युद्ध के ईश्वर मार्स के नाम पर रखा गया।

सूर्य से मंगल का परिक्रमा-पथ औसतन 228×10^6 किलोमीटर की दूरी पर है। 24 किलोमीटर प्रति सेकेंड की गति से अपने अक्ष पर घूमते हुए मंगल 687 दिनों में सूर्य का एक चक्कर पूरा करता है, जो कि पृथ्वी से लगभग दुगुना है। लेकिन मंगल का अपने अक्ष पर एक बार घूमने में लगने वाला समय पृथ्वी के लगभग बराबर ही है, जो 24 घंटे 40 मिनट है। इसलिए मंगल का एक पूरा दिन पृथ्वी के समान ही है पर इसका एक वर्ष पृथ्वी के एक वर्ष से लगभग दुगुना है। मंगल भी सूर्य के अपने परिक्रमा-पथ पर लम्बवत्त 24 डिग्री के कोण पर झुका हुआ है, इसीलिए संभवतः वहां के मौसम हमारी पृथ्वी जैसे ही होंगे पर उन मौसमों की समयावधि हमारे यहां के मौसमों से दुगुनी होगी।

मंगल का एक वर्ष पृथ्वी के एक वर्ष से दुगुना है।

इस लाल ग्रह का व्यास 6,700 किलोमीटर है। मंगल पर ऊंचे-ऊंचे ज्वालामुखी हैं, जिनमें से अधिकतर अभी बुझे नहीं हैं। यहां का सबसे बड़ा ज्वालामुखी-ओलम्पस मोन्स 25 किलोमीटर ऊंचा है जो पृथ्वी के सबसे ऊंचे पर्वत एवरेस्ट से तीन गुना ऊंचा है। मंगल का अध्ययन गैलिलियो द्वारा आरम्भ किया गया था, जिसे बाद में कई खगोलशास्त्रियों ने आगे बढ़ाया उन्हीं में से थे, इटली के विख्यात जीओवानी वर्जिनीओ शियापेरेली (1835-1910)। 13 वर्षों के अध्ययन के बाद उन्होंने जो सनसनीखेज़ खुलासे किए, उनसे पूरा विज्ञान-जगत चकित हो गया।

शियापेरेली को मंगल पर काली, सीधी और कृत्रिम-सी कुछ रेखाएं दिखाई पड़ीं और उसने यह निष्कर्ष निकाला कि ये रेखाएं जलमार्ग के चिन्ह हैं। शियापेरेली ने बताया कि ये जलमार्ग मंगलवासियों के द्वारा सूखे इलाकों में कृषि-जल ले जाने के लिए बनाए गए होंगे। यानी वह मंगल पर जीवन होने की ओर संकेत कर रहा था। उसने ऐसी रेखाओं को इटालियन शब्द 'केनेली' का नाम दिया, जिसका अर्थ होता है 'नाली' या 'नहर', और फिर अंग्रेज़ी में इसे 'केनाल' कहा जाने लगा। इस विषय पर वैज्ञानिकों में बहस शुरू हो गई कि मंगल पर जल या जीवन है या नहीं, इसे कुछेक ने स्वीकारा और कुछ ने नहीं।

अमेरिका के प्रसिद्ध खगोलशास्त्री डॉ. पर्सीवेल लोवेल (1855-1916) ने शियापेरेली के इस सिद्धांत का समर्थन करते हुए 1894 में एरिज़ोना के फ्लैगस्टाफ में स्थित अपनी प्रेक्षणशाला में मंगल का विस्तृत अध्ययन किया। इसमें उन्होंने यह सुनिश्चित किया कि मंगल पर

लगभग 500 ऐसे जलमार्ग हैं, जो 4,800 किलोमीटर तक फैले हुए हैं। उनके अनुसार ये पृथ्वीवासियों की अपेक्षा बुद्धिमता और विकसित इंजीनियरिंग का अद्भुत नमूना थे। यहां तक कि लोवेल ने मंगल का एक मानचित्र भी तैयार किया और इस पर एक पुस्तक 'मार्स एंड इट्स केनाल्स' भी लिखी। मंगल को लेकर किए गए उनके इस अन्वेक्षण की सराहना के अतिरिक्त इन्हें संदेहात्मक भी ठहराया गया।

हाल ही में आए परिणामों के बाद उन सभी दावों को नकारा साबित कर दिया गया है जिनमें मंगल पर जल और जीवन के होने की बात कही गई थी। खगोलशास्त्रियों को इस लाल-ग्रह पर ऐसे कोई साक्ष्य नहीं मिले। इस विषय पर डब्ल्यू. एच. पिकरिंग का कहना है कि "बड़े आश्चर्य की बात है, वहां तो ऐसा कुछ नहीं है जिससे नदियों और समुद्रों के होने के संकेत मिलते हों।"

मंगल पर सबसे ऊंचा ज्वालामुखी ओलम्पस मोन्स एवरेस्ट की ऊंचाई से भी तीन गुना अधिक है।

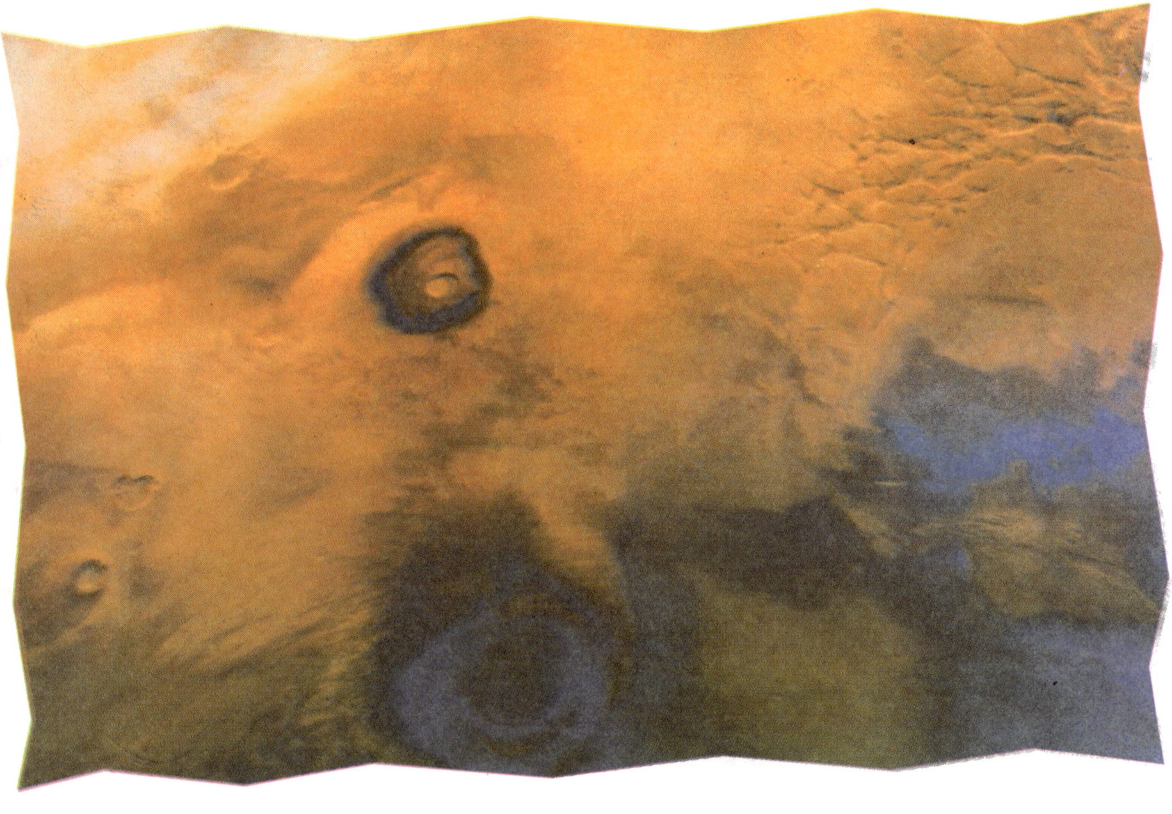

मंगल पर ज्वालामुखी श्रेणियां

बड़े ग्रह

सौरमंडल के चार बड़े ग्रहों के क्षेत्र में प्रवेश करने के लिए हमें मंगल से 550 मिलियन किलोमीटर की अथाह दूरी तय करनी होगी।

बृहस्पति

बड़े ग्रहों के इस क्षेत्र में सबसे पहले आता है–ज्यूपिटर या जोव अर्थात् बृहस्पति। रोमन देवताओं के राजा के नाम पर इसका नाम रखा गया। बृहस्पति को ग्रहों का राजकुमार भी माना जाता है।

सूर्य के बाद बृहस्पति ही अति विशालकाय पिंड है जिसका मध्य रेखा के साथ 1,42,800 किलोमीटर का व्यास है। यह पृथ्वी के व्यास से 11.2 गुना है। आयतन में यह 13,000 पृथ्वियों के बराबर है, लेकिन इसके अनुरूप द्रव्यमान में यह इतना अधिक नहीं है। पृथ्वी के द्रव्यमान से यह सिर्फ 318 गुना ही है। इसका अर्थ यह है कि बृहस्पति किसी ठोस पदार्थ का नहीं बल्कि हल्की गैसों का बना है। इस ग्रह का गुरुत्वाकर्षण बल पृथ्वी से 2½ गुना अधिक है तो भी मनुष्य इस पर सीधे खड़े नहीं हो सकते।

सूर्य के बाद सौर-परिवार में बृहस्पति ही सबसे बड़ा पिंड है।

आयतन और द्रव्यमान में बृहस्पति सभी ग्रहों को एक साथ मिला देने पर भी बड़ा है। अन्य सभी आठ ग्रह इसमें आसानी से समा सकते हैं। यह अति विशालकाय ग्रह अपने अक्ष पर एक चक्कर पूरा करने में 10 घंटे (9 घंटे, 50 मिनट, 30 सेकेंड) का समय लेता है। यह बृहस्पति का एक पूरा दिन है। गोलाकार न होने के कारण यह अपनी धुरी पर तेज़ी से घूमता है।

ग्रहों की पंक्ति में पांचवें स्थान पर स्थित बृहस्पति का परिक्रमा-पथ सूर्य से 778.3×10^6 किलोमीटर की दूरी पर है और यह सूर्य का एक पूरा चक्कर पृथ्वी के 11.8 वर्षों में पूरा करता है, यही बृहस्पति का एक वर्ष कहलाता है।

खगोल-विज्ञान के अध्ययनों में बृहस्पति की सतह पर एक बड़े लाल धब्बे का खुलासा हुआ है, इसे विशाल लाल धब्बा कहते हैं। इस धब्बे का रंग कभी हल्का लाल तो कभी धुंधला सफेद हो

बृहस्पति का 'नेत्र'

जाता है। इस धब्बे का क्षेत्रफल पृथ्वी से भी बड़ा है। आकार में यह धब्बा 40,000 किलोमीटर लम्बा और 12,800 किलोमीटर चौड़ा है। यह धब्बा अस्थाई है। कभी तो सतह पर से यह अदृश्य हो जाता है, तो कभी लौट आता है। कुछ लोग तो इसे बृहस्पति की आँख भी कहते हैं। इसकी मध्य रेखा के दोनों ओर कुछ छल्ले भी देखे गए हैं, जो हर 12 वर्ष के बाद अपना रंग परिवर्तित करते मालूम पड़ते हैं।

सबसे रोचक तथ्य यह है कि बृहस्पति की रसायनिक संरचना सूर्य से काफी मिलती-जुलती है। बृहस्पति 82 प्रतिशत हाइड्रोजन और 18 प्रतिशत हीलियम का बना है। सूर्य से मिलने वाली ऊर्जा का दुगुना यह विकिरण करता है। बृहस्पति ऊर्जा का एक विशाल भंडार है।

यह दूसरा सबसे अधिक चमकने वाला ग्रह है, जो डॉग स्टार-सिरिअस से दुगुना चमकता है। इन सब विशेषताओं से यह सिद्धांत सामने आता है कि बृहस्पति एक ग्रह से अधिक तारा है। इस विषय पर लीपजिग

के एक वैज्ञानिक जोलनर अपना मत रख चुके हैं कि "वास्तव में बृहस्पति एक अर्ध-सूर्य है।" "यह ग्रह आधा सूरज है और आधा संसार" इस धारणा पर कई वैज्ञानिक अपनी सहमति दे चुके हैं।

रूस के एक खगोलशास्त्री ने बृहस्पति को लेकर एक अनोखी परिकल्पना का प्रतिपादन किया कि बहुत समय पहले बृहस्पति हमारे सौरमंडल के केन्द्र में ही हुआ करता था। सूर्य की तरह यह भी एक विशालकाय तारा था, जिसके कई हिस्से धीरे-धीरे टूट कर अलग हो गए और ग्रह बन गए। लेकिन बाद में बृहस्पति ने अपना महत्त्व खो दिया और यह एक ग्रह के रूप में परिवर्तित हो गया। बृहस्पति का स्थान सूर्य ने ले लिया। इसके कारण अभी पता नहीं लग पाए हैं।

वैज्ञानिकों का आज यह भी विश्वास है कि अगर बृहस्पति पर अचानक कोई आंतरिक गड़बड़ आ जाए तो इसका तापमान एकाएक बढ़ जाएगा और एक बहुत बड़े धमाके के साथ बृहस्पति एक बार फिर तारा बन जाएगा। ऐसा जब कभी भी होगा, तो हमारे लिए दूसरा सूर्य तैयार हो जाएगा।

बृहस्पति पर लाल धब्बे या नेत्र का विस्तृत दृश्य

शनि

शनि हमारे सौरमंडल का दूसरा सबसे बड़ा ग्रह है। जैसे-जैसे हम एक-एक ग्रह आगे बढ़ते जा रहे हैं, सूर्य से हमारी दूरी बढ़ती जा रही है। शनि का परिक्रमा-पथ सूर्य से $1{,}427 \times 10^6$ किलोमीटर की दूरी पर स्थित है। सूर्य की एक परिक्रमा-यात्रा में शनि, पृथ्वी के 30 वर्षों का समय लेता है। सन् 1781 में जब तक बड़े ग्रह यूरेनस की खोज नहीं हुई थी तब तक शनि को ही सौरमंडल का सबसे बाहरी ग्रह माना जाता था। शनि और बृहस्पति अपेक्षाकृत एक-दूसरे के समान ही हैं। लेकिन शनि अपने अक्ष पर बृहस्पति की तरह नहीं घूमता। एक घूर्णन पूरा करने में शनि 10 घंटे, 14 मिनट और 24 सेकेंड से लेकर 10 घंटे 39 मिनट तक का समय लेता है।

मध्य-रेखा से शनि का व्यास 1,20,800 किलोमीटर है जबकि इसके ध्रुवों से इसका व्यास 1,09,000 किलोमीटर है अर्थात् शनि ध्रुवों की ओर से एक चपटा ग्रह है। हालांकि, शनि ग्रह पृथ्वी से काफी बड़ा है लेकिन यह उतना सघन और भारी नहीं है, जितनी कि पृथ्वी है। यदि शनि को उठाकर पानी में फेंका जाए, तो निश्चित रूप से यह डूबेगा नहीं बल्कि तैरता रहेगा। इसी बात से अनुमान लगाया जा सकता है कि बृहस्पति की तरह शनि भी बहुत ही हल्की गैसों का बना है। इसकी रासायनिक संरचना के कारण शनि भी प्रथम श्रेणी के एक तारे की तरह चमकता है। यदि आप एक दूरबीन से शनि को देखें तो आप विश्वास नहीं करेंगे कि दैत्याकार रूपी यह ग्रह इतना सुंदर हो सकता है। इस ग्रह की एक अद्वितीय विशेषता है जो इसे प्रकृति ने प्रदान की है। अपनी मध्य-रेखा के साथ-साथ शनि एक वलयाकार रंगीन छल्ले से सुसज्जित है।

शनि पृथ्वी जितना सघन या भारी नहीं है।

शनि की इस असामान्यता की ओर सबसे पहले गैलिलियो का ध्यान गया था, लेकिन उस समय उनकी दूरबीन उतनी शक्तिशाली नहीं थी। क्या थी शनि की यह विशेषता, वे इसका ठीक-ठीक पता नहीं लगा पाए। डच के एक खगोलशास्त्री क्रिशचन हूइजेन्स (1629-1695) ने सर्वप्रथम इस तथ्य की सत्यता को प्रमाणित किया था। "शनि अंडाकार रूप में झुके हुए एक महीन चपटे छल्ले से चारों ओर से घिरा हुआ

है और यह छल्ला इस ग्रह की सतह को कहीं से स्पर्श भी नहीं करता"।

कुछ वर्षों बाद फ्रांस और इटली के जिओवनी डोमिनी केसीनी (1625-1725) ने शनि के इन छल्लों की दोहरी प्रकृति और इनके बीच की दूरी का अन्वेक्षण किया। छल्लों के बीच की दूरी 27,000 किलोमीटर थी और इसे "केसीनी का विभाजन" के रूप में जाना गया। बाद में हुए अन्वेक्षणों से यह तथ्य सामने आया कि न्यूनतम छह छल्लों का यह एक सम्पूर्ण तंत्र है जो शनि की सतह को कहीं भी स्पर्श नहीं करता। यह शनि की तरह कक्षीय समतल से 27 डिग्री के कोण पर झुका हुआ है।

शनि ग्रह के छल्ले

हल्का सफेद रंग का इसका बाहरी छल्ला शनि के बादलों से 73,000 किलोमीटर ऊपर तक फैला हुआ है। बीच का छल्ला सबसे अधिक चमकीला है और सफेद दिखाई पड़ता है। आंतरिक छल्ला हल्के नीले रंग का है बल्कि यह तो धुंधला और अस्पष्ट भी पड़ जाता है। यह छल्ला 'क्रेप' अथवा 'गॉज़' अर्थात् हल्के छल्ले के रूप से जाना जाता है। ये छल्ले अत्यधिक पतले और चपटे दिखाई पड़ते हैं। शनि के साथ लगे इन छल्लों का रहस्य खुलना अभी शेष है। ये बर्फीले टुकड़ों के बने हैं और अपने गुरुत्वाकर्षण बल के कारण सूक्ष्म 'उपग्रहों' के समान शनि के चारों ओर घूम रहे हैं। अलग से देखने पर यह बहुत ही छोटे-छोटे नज़र आते हैं। ये टुकड़े शनि के किसी पुराने उपग्रह के अवशेष हो सकते हैं, जो शनि के निकट भटकता हो और इसके असीम गुरुत्वाकर्षण बल के द्वारा विखंडित हो गया हो।

यूरेनस

शनि के बाद कोई और ग्रह सौरमंडल में नहीं है इस धारणा का खंडन 18वीं शताब्दी में तब हुआ जब एक सातवां ग्रह खोज निकाला गया। इसका श्रेय जर्मनी मूल के संगीत शिक्षक फ्रेडरिच विलहेल्म हर्शेल को जाता है, जो अपनी बहन केरोलिन के साथ इंग्लैंड में बस गए थे। तारों के विज्ञान में उसकी बहुत रूचि थी और इसीलिए उन्होंने अपने लिए एक शक्तिशाली दूरबीन बना रखी थी, जिससे वे तारों की गहराईयों को बार-बार खंगालते थे। उनकी बहन बताती थी "मेरा भाई पूर्व अन्वेक्षकों की खोजों के बारे में जानकर संतुष्ट नहीं था।"

13 मार्च 1781 की रात हर्शेल को अचानक मिथुन तारामंडल में तारों के बीच एक अजीब-सा पिंड दिखाई दिया। उसने सोचा कि यह कोई धूमकेतु है। लेकिन, बार-बार इसका अवलोकन करने के बाद उसे यह ज्ञात हुआ कि संयोग से वह एक नए ग्रह की खोज कर चुका है। उसका यह अन्वेक्षण 'न्यूटन के दिनों के बाद एक महानतम खोज' कहलाया। इसने सौरमंडल की ज्ञात सीमाओं का विस्तार कर डाला और अगली दो शताब्दियों में दो और ग्रहों को खोज पाने का मार्ग प्रशस्त किया।

यूरेनस अपनी परिक्रमा सूर्य के समतल पूरी करता है।

करिअर के अंतिम दिनों में अपने जीवन का लक्ष्य स्वयं हर्शेल ने ही स्पष्ट कर दिया था, "मेरे अन्वेक्षणों का एकमात्र अंतिम उद्देश्य सदैव इन खगोलीय पिंडों के निर्माण के बारे में ज्ञान एकत्र करना है।" अपने इन शब्दों को सत्य सिद्ध करते हुए अंतरिक्ष के अध्ययन में उसने महत्त्वपूर्ण योगदान दिया, जिसमें कि एक ग्रह की खोज के बाद तो वे काफी ख्याति प्राप्त कर गए। हर्शेल का नाम बहुत जल्द विश्व-भर में छा गया। उनकी समाधि पर उनके लिए एक उपयुक्त कथन लिखा गया "इसने ब्रह्मांड के कई रहस्यों का खुलासा किया।"

हर्शेल ने इस ग्रह का नाम इंग्लैंड के राजा जॉर्ज तृतीय के सम्मान में जॉर्जियम सिदस रखने की इच्छा व्यक्त की, लेकिन इस नाम को स्वीकारने के लिए विज्ञान-जगत की कुछ अड़चनें आड़े आ गईं। सत्तर वर्षों के बाद सन् 1850 में इस ग्रह को नाम दिया गया-यूरेनस।

यह नाम इसके अन्वेक्षण के वर्ष में ही जर्मनी के एक विख्यात खगोलशास्त्री जोहान इलर्ट बोडे (1747-1826) द्वारा सुझाया गया था, वे उस समय बर्लिन अन्वेक्षणशाला के निदेशक थे। यूरेनस की खोज के छह वर्षों के बाद हर्शेल ने इसके दो उपग्रहों की भी खोज की।

यूरेनस बड़े ग्रहों के श्रेणी का है लेकिन इससे पूर्व के दो अर्थात् बृहस्पति और शनि से यह अपेक्षाकृत छोटा है। इसका व्यास 50,800 किलोमीटर है और अपनी तीव्रतम गति पर यह 10 घंटे और 49 मिनट में एक चक्कर पूरा करता है। इसका परिमाण पृथ्वी से लगभग 15 गुना है।

यूरेनस सूर्य से लगभग 287×10^7 किलोमीटर की दूरी पर स्थित है। यह दूरी 19 खगोलीय इकाईयों (AUs) से अधिक है। इतने विशाल परिमाप के कारण वैज्ञानिकों के लिए यूरेनस का गहन अध्ययन कर पाना कठिन हो गया।

सामान्यतया सभी ग्रह सूर्य के चारों ओर लम्बवत्त परिक्रमा करते हैं जबकि यूरेनस सूर्य के समतल अपनी परिक्रमा पूरी करता है। इसका अक्ष 98 डिग्री के कोण पर झुका हुआ है और यह अपने विशालकाय परिक्रमा-पथ पर घूम रहा है। यूरेनस अपनी ऐसी एक यात्रा 84 वर्षों में पूरी करता है, इतने समय में हमारी पृथ्वी सूर्य के 84 चक्कर लगा चुकी होती है।

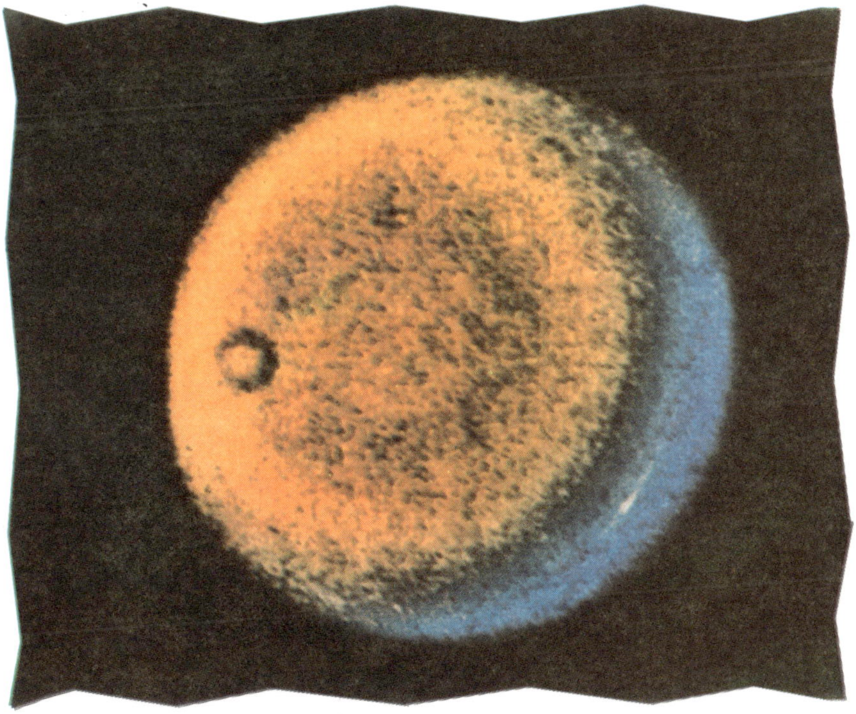

कुछ गहरे छल्ले भी यूरेनस पर प्रतीत हुए थे, परंतु ये आसानी से नहीं देखे जा सकते। इस ग्रह की संरचना शनि के जैसी ही है अर्थात् हाइड्रोजन और हीलियम ही इसमें प्रमुख रूप से शामिल हैं।

वरुण

सौरमंडल के चार बड़े ग्रहों में से सबसे अंतिम है-वरुण। इसकी खोज की कहानी बहुत रोमांचकारी है। कभी-कभार यूरेनस की परिक्रमा गतिशीलता में कुछ अनियमितताएं खगोलशास्त्रियों को संशय में डाल देती थी और वे अनुमान लगाते थे कि इसके पास-पड़ोस में कोई अनदेखा पिंड है जिसका गुरुत्वाकर्षण बल इन अनियमितताओं का कारण हो सकता है। सन् 1834 में माननीय टी.जे. हिसी ने सुझाया कि यह एक विशालतम ग्रह हो सकता है।

कैम्ब्रिज से स्नातक कर चुके जॉन काउच एडम्स (1819-1892) ने दो वर्षों तक कठोर परिश्रम किया और इस नए ग्रह के अनुमानित आकार और इसकी स्थिति पर अपने आंकड़े प्रस्तुत किए। उसने अपने दस्तावेज़ों को कैम्ब्रिज अन्वेक्षणशाला के निदेशक जेम्स चालीस (1803-1882) के पास भेजा जिन्होंने इस रिपोर्ट को ग्रीनविच अन्वेक्षणशाला के जॉर्ज बीडल एयरी (1801-1892) के पास भेज दिया। दुर्भाग्यवश, इसके अध्ययन को फिर आगे नहीं बढ़ाया गया।

एक अन्य ब्रिटिश खगोलशास्त्री विलियम रूटर डाव्स (1799-1868) ने संयोगवश एडम्स की उस रिपोर्ट को पढ़ लिया, इससे प्रभावित होकर उसने अपने मित्र विलियम लासेल (1799-1880) को आग्रह किया कि वह इस नए ग्रह को ढूंढ़े, क्योंकि उसके पास एक दूरबीन थी। इससे पहले कि इस पर कार्य शुरू होता, दुर्भाग्यवश यह दूरबीन उसकी नौकरानी के हाथों टूट गई। ये था–एडम्स का दुर्भाग्य।

पृथ्वी की अपेक्षा वरुण सूर्य से तीस गुना अधिक दूरी पर है।

इसी दौरान कुछ फ्रांसीसी खगोलशास्त्री भी उस खगोलीय पिंड के बारे में जानने जुटे हुए थे। ली वेरियर (1811-1877) उन्हीं में से एक थे। एडम्स के अध्ययन से अनजान उसने भी इसी विषय पर काम शुरू किया और इसके बाद जिन निष्कर्षों पर वह पहुंचा वह एडम्स के आंकड़ों से बहुत मिलते-जुलते थे। ली वेरियर के अनुसार अक्वेरियस नामक तारामंडल में यह नया ग्रह मिलेगा। वेरियर ने अपने अध्ययन के परिणामों की रिपोर्ट को अपने मित्र जोहान गोटफ्राइड गाले (1812-1910) के पास बर्लिन की अन्वेक्षणशाला में आगे कार्यवाही के लिए भेज दिया। गाले ने अपनी तलाश शुरू कर दी। 23 सितम्बर

1846 को यह खोज पूरी हुई। ली वेरियर द्वारा बताए गए स्थान से केवल 52 डिग्री की दूरी पर गाले ने इस नए ग्रह का पता लगाया। अपने इस अन्वेक्षण की उसने घोषणा भी कर दी। यह ग्रह चालीस को भी मिल चुका था लेकिन वह इसे पहचान नहीं पाया। उधर गाले इस अन्वेक्षण का श्रेय बटोर चुका था और एडम्स दौड़ में हार गया था।

सौरमंडल में इस 'नए सदस्य' का अन्वेक्षण न्यूटन के गुरुत्वाकर्षण सिद्धांतों और परिक्रमा-पथ के आकलन के तरीकों की एक और बड़ी जीत थी। पेरिस अन्वेक्षणशाला के निदेशक के पद पर कार्यरत फ्रांसीसी भौतिकशास्त्री डोमिनीक एरागो ने ली वेरियर के सुझाव पर सूर्य के इस नए दास का नाम नेपच्यून अर्थात् वरुण रखा। यह नाम ब्रह्मांड में जल के नियंत्रक देवता और रोमनों के समुद्र के देवता के सम्मान में रखा गया।

वरुण आकार व संरचना में यूरेनस की तरह ही है लेकिन, यूरेनस से यह थोड़ा छोटा है। इसका व्यास 49,400 किलोमीटर है। अगर बात इसके आयतन की करें, तो इस हिसाब से 42 पृथ्वियों को मिलाकर एक वरुण ग्रह बनेगा। यह विशालकाय ग्रह अपने अक्ष पर एक चक्कर पूरा करने में 18 घंटे और 24 मिनट का समय लेता है।

वरुण सूर्य से लगभग 4,500 मिलियन किलोमीटर की दूरी पर स्थित है, जो हमारे और सूर्य के बीच की दूरी का पूरा तीस गुना है। सूर्य का एक चक्कर लगाने में वरुण 164.8 वर्ष का समय लेता है। वैज्ञानिक इसके बारे में बहुत कुछ जानने में जुटे हुए हैं।

सौरमंडल का पहरेदार-प्लूटो

वास्तव में, अब तक हम लगभग 5,750 मिलियन किलोमीटर तक की यात्रा कर सौरमंडल की बाहरी सीमा में प्रवेश कर चुके हैं। हमें अभी इतने ही क्षेत्र की जानकारी हो पाई है। आइये, अब हम अपने नन्हे दोस्त-प्लूटो से मिलते हैं। 20वीं शताब्दी में खोजा गया सौरमंडल परिवार में शामिल यह सबसे नवीनतम ग्रह है।

प्लूटो का अन्वेक्षण भी एक रोचक कहानी है और संयोग से एक बार फिर यह खोज न्यूटन के सिद्धांतों का समर्थन करती है। पेर्सिवाल लोवेल के साथ-साथ कई अन्य खगोलशास्त्री भी यूरेनस के परिक्रमा-पथ से भटकने के विषय पर अध्ययन कर रहे थे। इसी दौरान इसका कारण रहे ग्रह वरुण का अन्वेक्षण हुआ वैज्ञानिकों का अनुमान था कि यूरेनस के परिक्रमा-पथ में आने वाली अनियमितताओं का कारण वरुण के अतिरिक्त कोई अन्य पिंड भी हो सकता है। सन् 1908 में लोवेल ने इस विषय पर अपना अनुसंधान प्रारम्भ कर दिया। उनके निष्कर्षों में यह बात सामने आई कि 6800 मिलियन किलोमीटर की दूरी पर एक नया छोटा-सा ग्रह होगा और 282 वर्षों में यह सूर्य की एक परिक्रमा पूरी करेगा। उसके बाद लोवेल इतने समय तक जीवित नहीं रहे, जो यह देख पाते कि उनकी भविष्यवाणी सचमुच ही सही थी।

खगोलशास्त्रियों ने सौरमंडल के इस नए ग्रह की खोज के लिए अपने-अपने जाल बिछाए। सन् 1906 में जन्मे क्लाइड विलियम टोम्बो ने लोवेल की अन्वेक्षणशाला में शामिल होकर इस ग्रह की तलाश में भाग लिया। अपने अध्ययन में अंतरिक्ष के एक-एक हिस्से की फोटोग्राफी की तकनीक का उसने प्रयोग किया। अंततः 18 फरवरी 1930 में यह ग्रह दिखाई दिया और यह लोवेल द्वारा बताए गए स्थान से अधिक दूर भी नहीं था। इसकी आधिकारिक घोषणा 13 मार्च 1930 को की गई, इसी दिन लोवेल का जन्मदिवस भी था और यूरेनस की खोज का दिन भी।

इस नए ग्रह का नाम रखा गया-प्लूटो। इसके पहले दो अक्षर पेर्सिवाल लोवेल के नाम के पहले अक्षरों से लिए गए हैं। प्लूटो हेड्स ग्रीकवासियों के लिए मृत्यु के देवता रहे हैं और उन्होंने मृत्यु की

निष्क्रिय दुनिया पर शासन किया है। ग्रीक की पौराणिक कथाओं के अनुसार चेरोन नामक एक नाविक मृतकों को स्टिक्स नदी के पार हेड्स के पास छोड़कर आता था। रोमांचकारी है कि सन् 1978 में प्लूटो का एक उपग्रह सामने आया, जिसका नाम चेरोन ही रखा गया। वैज्ञानिक प्लूटो का नजदीकी से गहन अध्ययन करते, लेकिन यह बहुत दूरी पर स्थित है। इसके लिए एक बड़ी दूरबीन की आवश्यकता पड़ती है। सूर्य और प्लूटो के बीच की दूरी 5,900 मिलियन किलोमीटर है।

यदि आप प्लूटो पर पहुंचकर सूर्य की ओर देखेंगे तो यह चमकते हुए छोटे-से तारे के रूप में आपको दिखाई देगा। प्लूटो सूर्य के चारों ओर सबसे लम्बी यात्रा करता है और इसमें 248 वर्ष का समय लगाता है। और कई बार यह मनमौजी आठवें ग्रह वरुण के मार्ग को भी पार कर जाता है। सूर्य से इतना दूर स्थित होने के कारण प्लूटो सूर्य से बहुत ही कम प्रकाश ग्रहण कर पाता है। इसके बावजूद भी शक्तिशाली सूर्य के गुरुत्वाकर्षण बल ने प्लूटो को अपने नियंत्रण में रखा है। प्लूटो केवल एक भयावह, ठंडा और सूखा-सा ग्रह ही हो सकता है।

प्लूटो हमारे सौरमंडल का सबसे छोटा ग्रह है। इसका व्यास 2,500 किलोमीटर है। आपको ज्ञात होगा कि सौरमंडल में बुध से मंगल ग्रह तक बौने ग्रहों का क्षेत्र आता है और उसके बाद चार बड़े ग्रहों का प्रभाव-क्षेत्र है। तो इन विशालकाय ग्रहों के ठीक बाद सबसे छोटा ग्रह प्लूटो उस क्षेत्र में कैसे आ सकता है? यह वैज्ञानिकों के लिए आज भी एक पहेली है। अपने अक्ष पर घूमकर एक चक्कर पूरा करने में प्लूटो को लगने वाली समयावधि 6.3 दिन है। आइये, अब हम अपनी पृथ्वी की ओर वापिस चलते हैं, जहां हमें एक विशेष पिंड से मिलना है-और उसे हम 'रात की रानी' कह सकते हैं।

प्लूटो अब ग्रह नहीं रहा

24 अगस्त 2006 को इंटरनेशनल एस्ट्रोनोमिकल यूनियन (आईएयू) यह घोषणा कर चुका है कि प्लूटो अब कोई ग्रह नहीं रहा। नई परिभाषा के अनुसार एक ग्रह को तीन विशेषताओं को अवश्य पूरा करना होगा-ग्रह सूर्य की परिक्रमा अवश्य करे; ग्रह इतना बड़ा हो कि गुरुत्व बल इसे दबाकर गोल रूप दे सके; ग्रह अपने निकट के पिंडों को अपने नियंत्रण में रखने वाला हो ताकि यह अपने परिक्रमा-पथ में आने वाले क्षुद्रग्रहों, धूमकेतुओं आदि को नष्ट कर सके। प्लूटो ग्रहों की श्रेणी में नहीं रहा क्योंकि वह तीसरी विशेषता को पूरा नहीं करता: प्लूटो का 'चंद्रमा' इसके आकार का आधा है जबकि अन्य सभी ग्रह अपने चंद्रमाओं से बहुत बड़े हैं और प्लूटो का परिक्रमा-पथ कहीं-कहीं से अस्त-व्यस्त भी है।

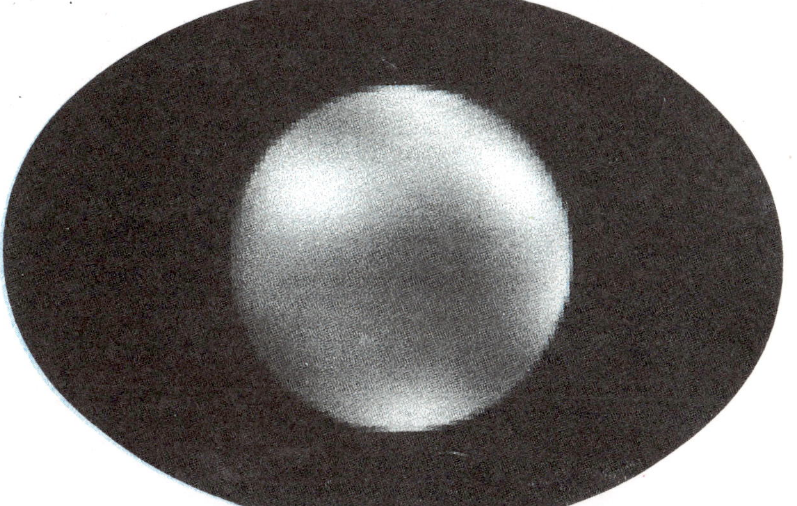

रात की रानी

सूर्य ढल जाने के बाद रात हो जाती है। दूर आकाश में चंद्रमा दिखाई देने लगता है। रात के इस अंधकार को दूर करने के लिए चंद्रमा प्रकृति के सबसे चमकदार 'लैम्प' के रूप में मंद-मंद रोशनी देता है। चंद्रमा के शीतल और शांतमय प्रकाश में सब कुछ नहा उठता है। सौंदर्य से परिपूर्ण दूधिया रोशनी के इस लैम्प की प्रशंसा में विश्व-भर के कई कवि-गीतकार बहुत कुछ लिख चुके हैं, गायक गा चुके हैं। अंग्रेज़ी के कवि जॉन मिल्टन ने भी चंद्रमा पर कविता लिखी जिसका हिंदी अनुवाद इस प्रकार है:-

ईश्वर ने दो विशाल प्रकाशपुंज बनाए
दोनों मनुष्य के अस्तित्व के लिए,
इनमें से बड़ा पुंज दिन-भर प्रकाश देगा
और छोटा होगा शांत रात्रि के लिए।

सूर्य दिन का राजा है, चंद्रमा रात की रानी! रोमनवासी चंद्रमा को देवी मानते थे और उन्होंने इसका नाम लूना रखा था। लूनर एक्लिप्स, लूनर रॉक, लूनर माउंटेन आदि शब्दों की उत्पत्ति इसी शब्द से हुई है। चंद्रमा बहुत ही चमकदार है और इसीलिए सबको आकर्षित भी करता है। लेकिन यह इतना चमकीला कैसे है? क्या प्रकृति ने इसे इतना सुंदर बनाया है? जानते हैं, खगोलशास्त्र में चंद्रमा का दृश्य कैसा है?

चंद्रमा पृथ्वी का एकमात्र प्राकृतिक उपग्रह है। इसका व्यास 3,476 किलोमीटर है जो पृथ्वी के व्यास का एक-चौथाई है। हमारी पृथ्वी अपने उपग्रह से 80 गुना बड़ी है। चंद्रमा पृथ्वी के चारों ओर एक

परिक्रमा पूरी करने में 27 दिन 7 घंटे और 43 मिनट का समय लेता है। यह परिक्रमा पृथ्वी से 3,82,000 किलोमीटर की दूरी पर रहकर लगाई जाती है और इसी समयावधि में यह अपने अक्ष पर घूमता भी रहता है। परिणामस्वरूप, चंद्रमा हर समय पृथ्वी की ओर एक ही तरह से अभिमुख रहता है। सदा से हम चंद्रमा की एक ही सतह देख रहे हैं। इसका दूसरा हिस्सा हम से दूसरी ओर ही रहता है। इसका अर्थ यह भी नहीं है कि हमें न दिखाई पड़ने वाला हिस्सा घना या काला है।

'पृथ्वी की आभा'-चंद्रमा के काले क्षेत्र के साथ चारों ओर एक पतली और हल्की-सी आउटलाइन।

आप जानते हैं कि उपग्रह सूर्य के प्रकाश को ही परावर्तित करते हैं। चंद्रमा एक दर्पण है परन्तु उत्तम कोटि का नहीं क्योंकि यह सूर्य से ग्रहण किए गए प्रकाश का केवल सात प्रतिशत ही परावर्तित करता है और उसी से यह जगमगाता है। इसकी अपेक्षा पृथ्वी अच्छा दर्पण है। यह स्वयं सूर्य के प्रकाश से प्राप्त हिस्से में से चंद्रमा को भी प्रकाश देती है। चंद्रमा की ओर देखने पर काले क्षेत्र के साथ चंद्रमा के चारों ओर एक पतली और हल्की-सी आउटलाइन दिखाई देगी। यही 'पृथ्वी की आभा' है। विश्व की महानतम प्रतिभाओं में से लिआनार्डो द विन्सी पहले ऐसे व्यक्ति थे जिन्होंने सर्वप्रथम यह बताया था कि चंद्रमा का यह हल्का प्रकाश पृथ्वी द्वारा परावर्तित सूर्य का प्रकाश है।

चंद्रमा पृथ्वी के चक्कर लगाता है और ये दोनों मिलकर सूर्य के चक्कर लगाते हैं। इसीलिए चंद्रमा सदा सूर्य की ओर नहीं होता और प्रत्यक्ष सूर्य का प्रकाश भी ग्रहण नहीं कर पाता। चंद्रमा के विभिन्न हिस्से अलग-अलग समय पर सूर्य का प्रकाश प्राप्त करते हैं। जब चंद्रमा सूर्य और पृथ्वी की बीच आ जाता है तो यह हमें दिखाई नहीं पड़ता, इसे नया चंद्रमा कहते हैं। उसके बाद पृथ्वी की ओर चंद्रमा का

भाग चमकना प्रारम्भ करता है। चंद्रमा का यह जगमगाता हिस्सा पतला-सा और अर्धगोलाकार रिंग जैसा होता है। धीरे-धीरे चंद्रमा का यह चमकता हुआ हिस्सा पृथ्वी से बड़ा होता हुआ दिखाई देने लगता है और यह तब तक बड़ा होता रहता है जब तक यह पूर्ण गोलाकार रूप नहीं ले लेता। ये है हमारा पूर्ण गोल चंद्रमा। ये परिवर्तन चंद्रमा के विभिन्न चरण कहलाते हैं और इस चक्र को समाप्त होने में 29½ दिन का समय लगता है, यही हमारे चंद्रमा का एक माह कहलाता है।

चंद्रमा के यही चरण बच्चों के मन को बड़ा आनंदित करते हैं। उनका यही उत्साह एलीजा ली फोलन की निम्न पंक्तियों द्वारा बड़ी सुंदरता से अभिव्यक्त होता हैं। यह उनकी कविता का अनुवाद है:-

अरे, देखो ज़रा चंद्रमा को देखो, देखो कैसे चमक रहा है,
आओ माँ, ऊपर देखो, हवा में जैसे कोई लैम्प लटक रहा है,
कुछ दिन पहले तो था छोटा-सा, जैसे चमके कोई आधा गोला,
अब देखो बड़ा हो गया, और बन गया पूरा एक सफेद गोला।

हम पहले पढ़ चुके हैं कि सूर्य को ग्रहण लगता है वैसे ही चंद्रग्रहण भी होते हैं। जब पृथ्वी चंद्रमा और सूर्य के बीच आ जाती है और चंद्रमा पृथ्वी की पड़ने वाली परछाई के पार होकर गुज़रता है, तो इस पर पड़ने वाला सूर्य का प्रकाश पूरी तरह से कट जाता है और इसे ही चंद्रग्रहण कहते हैं। इसमें चंद्रमा की सफेदी फिकी तांबे जैसे रंग की हो जाती है। जब पृथ्वी चंद्रमा को आंशिक रूप से ढक कर रखती है तो उसे आंशिक चंद्रग्रहण कहते हैं। चंद्रग्रहण पूर्ण चंद्रमा के दिनों में ही लगता है। ग्रहण या तो आंशिक होगा या फिर पूर्ण, यह कभी-भी वलयाकार छल्ले की तरह नहीं लगेगा। सूर्यग्रहण से अलग, चंद्रग्रहण लम्बे समय तक रहता है और इसे कहीं से भी, जहां चंद्रमा क्षितिज से ऊपर दिखाई पड़ रहा देखा जा सकता है। चंद्रग्रहण देखने में सुंदर लगता है और इसका कोई गम्भीर खगोलीय महत्त्व नहीं है।

एक दूरबीन उठाकर यदि आप चंद्रमा की ओर देखें तो आश्चर्य से चिल्ला उठेंगे, "सुंदर! अद्‌भुत!" ऐसा ही दृश्य सैकड़ों वर्ष पूर्व गैलिलियो ने देखा था। पृथ्वी के इस एकमात्र प्राकृतिक उपग्रह-चंद्रमा की सतह छल्लारूपी पर्वतों, चोटियों, चट्टानों, दरारों और ज्वालामुखियों से भरी पड़ी है। 18वीं शताब्दी के खगोलशास्त्री जोहान हिरोनिमस

स्क्रोटर ने ही सर्वप्रथम चंद्रमा की सतह का गहन अध्ययन किया था और वही आधुनिक चंद्रभूगोल (चंद्रमा के खगोलविज्ञान) के संस्थापक थे। उन्होंने चंद्रमा पर बने असंख्य गर्त्तों और गड्ढों के बारे में बताया, इससे पहले इनके बारे में कभी पता नहीं लगाया जा सका था। रात की 'रानी'–चंद्रमा की 'सतह' इतनी चिकनी और चमकदार है नहीं जितनी देखने में प्रतीत होती है, बल्कि यह काफी उबड़-खाबड़ है।

चंद्रमा पर स्थित पर्वतों के नाम पृथ्वी पर स्थित चोटियों के नाम की ही तरह रखे गए हैं जैसे–एल्प्स, एपेननाइंस और कॉकेसस। ये छोटे-मोटे नहीं हैं, इनमें से कुछेक तो 26,000 से 30,000 फुट तक ऊंचे हैं। एपेननाइंस पर्वत शृंखला 16,000 फुट ऊंची है एक दूसरा पर्वत जिसका नाम है–लेबनिट्ज, इसकी ऊंचाई है 35,000 फुट अर्थात् ये पृथ्वी के एवरेस्ट से भी ऊंचा है।

चंद्रमा की सतह चट्टानों, पर्वतों, चोटियों और गर्त्तों से ढकी पड़ी है।

हिप्पारकस, एटलस, प्लेटो, एरिस्टोटल, एरिस्टारकस और हेरेडॉट्स जैसे यूनानी व्यक्तित्त्वों और आर्कमिडीज़, कॉपरनिक्स, टाइको ब्राहे,

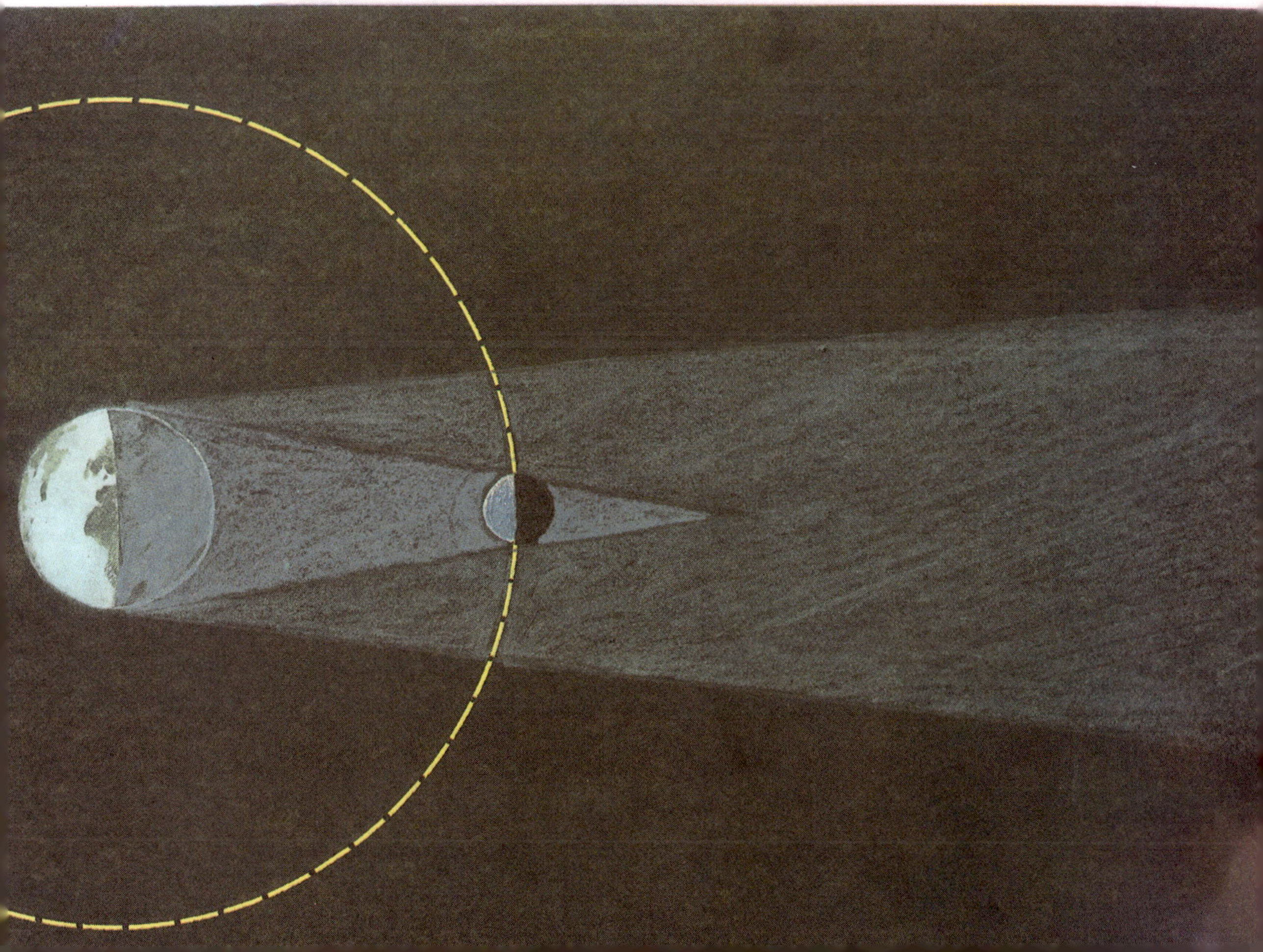

रात की 'रानी'-चंद्रमा की सतह इतनी चिकनी-चमकदार नहीं है जितनी दिखती है, बल्कि ये बहुत उबड़-खाबड़ है।

न्यूटन, केपलर, हर्शेल, बेसेल के अतिरिक्त कई अन्य आधुनिक वैज्ञानिकों ने चंद्रमा के अध्ययनों में अपना पूरा-पूरा जीवन लगा दिया। इन्हीं के नाम पर चंद्रमा पर स्थित लगभग 30,000 गर्त्तों के नाम रखे गए। पृथ्वी से न दिखने वाले चंद्रमा के हिस्से पर स्थित ऐसे ही एक बड़े गड्ढे का नाम एक रूसी-सिओल्कोवस्की के नाम पर रखा गया।

प्रसिद्ध लोगों के नाम पर इन गर्त्तों का नाम रखने की प्रथा को इटली के पादरी-फादर रिकोली ने तब प्रारम्भ किया था जब वे सन् 1651 में चंद्रमा का एक मानचित्र तैयार कर रहे थे। एक बड़े गर्त्त को उन्होंने अपना नाम दिया। यही प्रचलन आगे भी रहा, लेकिन अधिकतर गर्त्तों का नाम रिकोली ने ही दिया। चंद्रमा पर ये बड़े-छोटे गर्त्त शायद ज्वालामुखियों के फटने अथवा 'उल्काओं के गिरने' से बनते थे।

क्या आप बिना जल के समुद्रों और महासागरों को देखना चाहते हो? यदि हाँ, तो इसके लिए आपको चंद्रमा पर आना पड़ेगा। सत्रहवीं

शताब्दी में गैलिलियो के अतिरिक्त कुछ अन्य खगोलशास्त्रियों ने चंद्रमा की सतह पर कई गहरे-काले धब्बों को देख गलती से उन्हें सागर मान लिया था। उन्होंने इन सागरों को लैटिन शब्द 'मारिया' का नाम दिया, जिसका अर्थ चंद्रमा पर स्थित 'सागरों' से था (मेअर अर्थात् एक सागर)। ये काल्पनिक नाम बाद के अन्वेक्षकों ने भी जारी रखे, परिणामस्वरूप चंद्रमा की सतह पर कई प्रकार के सागर कहलाए जाने लगे जैसे-मेअर नेक्टारिस (अमृत का सागर), मेअर ओरिएंटेल (पूर्वी सागर), मेअर न्यूबिअम (बादलों का सागर), मेअर ट्रैंक्विलिटेटिस (स्थिर सागर), मेअर क्राइसियम (संकट का सागर), मेअर वेपोरियम (वाष्प का सागर)। यहां एक महासागर है जिसका नाम-ओशिएंस पोर्सेलारम (तूफानों का महासागर) एक खाड़ी-साइनस इरिडियम (इंद्रधनुष की खाड़ी) और पेलस पुटरेडिनिस (क्षय का दलदल) नाम का एक दलदल भी यहां है। इसके अतिरिक्त एक नरक स्थान चंद्रमा पर है जिसका नाम हंगरी के एक खगोलशास्त्री फादर मैक्समिलन के नाम पर रखा गया। लेकिन ज्वालामुखियों के फटने से यहां सब एकदम समतल हो गया। जल के भी अब यहां कोई संकेत नहीं रहे हैं।

वास्तव में चंद्रमा पर न तो हवा है और न ही इसका कोई वायुमंडल है। जीवन के लिए मूलभूत आवश्यकताओं के बिना चंद्रमा 'जीवन-रहित' पिंड है। मनुष्य की महत्त्वाकांक्षा थी कि वह 'रात्रि-लैम्प' रूपी चंद्रमा पर जाए और उसे नज़दीक से देख सके और यह स्वप्न सन् 1969 में पूरा भी हुआ, जब अमेरिका का एक अंतरिक्ष-यात्री नील आर्मस्ट्राँग चंद्रमा की सतह पर पहुंचा और वहां की चट्टानों के नमूनों के साथ सकुशल वापिस लौट आया। पूरे सौरमंडल में चंद्रमा ही एकमात्र ऐसा खगोलीय पिंड है जिसकी सतह पर मनुष्य ने पांव रखे हैं।

चंद्रमा पर न तो हवा है, न ही इसका कोई वायुमंडल है, यह एक 'जीवन-रहित' पिंड है।

अन्य चंद्रमा

हमारा चंद्रमा पृथ्वी का उपग्रह है, अन्य ग्रहों के उपग्रहों को भी मून या चंद्रमा के नाम से ही जाना जाता है। जिनमें से अब तक साठ चंद्रमाओं की खोज की जा चुकी है। और अभी कई चंद्रमाओं के होने की संभावना है। पृथ्वी का केवल एक ही चंद्रमा है। शुक्र और बुध का कोई चंद्रमा है ही नहीं। शनि के पास अनुमानतः 17 चंद्रमाओं का एक बड़ा-सा परिवार और बृहस्पति और यूरेनस के क्रमशः सोलह और पंद्रह चंद्रमा हैं। वरुण के आठ और मंगल के पास दो चंद्रमा हैं; यहां तक कि प्लूटो के चारों ओर भी एक चंद्रमा चक्कर लगा रहा है।

कुछ चंद्रमाओं के व्यास ग्रहों के परिमाप जितने होते हैं।

कुछ चंद्रमाओं के व्यास ग्रहों के परिमाप जितने ही होते हैं; जैसे-गैलिलियन उपग्रहों में आईओ (3,630 किलोमीटर), यूरोपा (3,140 किलोमीटर), गानिमेडे (5,260 किलोमीटर) और सबसे बड़े ग्रह बृहस्पति के उपग्रह केलीस्टो (4,800 किलोमीटर) और शनि के उपग्रह टाइटन (5,150 किलोमीटर) हैं।

बृहस्पति के चारों 'उपग्रह' बहुत बड़े हैं और अपनी धुरी पर घूमने और अपने ग्रह बृहस्पति का एक चक्कर पूरा करने में ये अपने ग्रह जितना ही समय लेते हैं। इसीलिए ये उपग्रह अपने ग्रह की ओर अपना एक हिस्सा रख पाते हैं जैसे हमारा चंद्रमा हमें अपना एक ही हिस्सा दिखा पाता है।

कुछेक चंद्रमा अपने ग्रहों के चारों ओर पूर्व से पश्चिम की प्रतिगामी दिशा में चक्कर लगाते हैं। उनके घूमने की दिशा में इस परिवर्तन के कारण अभी तक पता नहीं चल पाए हैं। मंगल या मार्स के दो चंद्रमा फोबोस (भय) और डाइमोस (आतंक) के नाम युद्ध के देवता, मार्स के रथ के घोड़ों के नाम पर रखे गए। यह एक पौराणिक मान्यता है। फोबोस, जिसकी त्रिज्या मात्र 13 किलोमीटर है, मंगल का एक चक्कर लगाने में 7 घंटे और 39 मिनट का समय लेता है, जबकि स्वयं मंगल एक चक्कर पूरा करने में लगभग 24 घंटे का समय लगाता है। जब तक यह एक चक्कर पूरा करता है फोबोस इसके तीन चक्कर लगा चुका होता है। इसीलिए मंगल का यह चंद्रमा, फोबोस पश्चिम से निकलकर पूर्व में डूबता हुआ प्रतीत होता है। यह एक असामान्य घटना

हमारी पृथ्वी का केवल एक ही चंद्रमा है और हमारे सौरमंडल में सैकड़ों चंद्रमा हैं।

है, जो केवल मंगल पर ही घटित होती है। बड़े ग्रहों के साथ ऐसे उपग्रहों की भीड़ है, इसीलिए वहां कई ग्रहण लगते हैं।

इन साठ चंद्रमाओं के अतिरिक्त शनि की वलयाकार रिंग, यूरेनस और बृहस्पति के छोटे-छोटे पिंड शामिल हैं। हमारी पृथ्वी का केवल एक ही चंद्रमा है और हमारे सौरमंडल में सैकड़ों चंद्रमा हैं।

भटकते खगोलीय पिंडों की दुनिया

ब्रह्मांड में इधर-उधर घूम रहे क्षुद्रग्रहों, धूमकेतुओं और उल्काओं को खगोलशास्त्र में भटकते खगोलीय पिंड कहा जाता है और परस्पर एक-दूसरे से संबंध रखने वाले ये सभी पिंड इसी ब्रह्मांड का हिस्सा हैं। इन्हें हमारे सौरमंडल के शरारती सदस्य भी कहते हैं।

क्षुद्रग्रह

'भटकते खगोलीय पिंड' हमारे सौरमंडल के सबसे अनोखे और शरारती सदस्य हैं।

क्या आप जानते हैं कि बौने ग्रह-मंगल और बड़े ग्रह-बृहस्पति के परिक्रमा-पथ के बीच 560 मिलियन किलोमीटर चौड़ा असाधारण-सा खाली स्थान पड़ा है, लेकिन बिना किसी ग्रह के इस स्थान को प्रकृति खाली कैसे छोड़ सकती है? खगोलशास्त्री केपलर और भौतिक-शास्त्री, जीव-विज्ञानी जोहान डेनियल टाइटिस (1729-1796) ने उस खाली स्थान पर किसी अनदेखे ग्रह के होने की आशंका जताई।

सूर्य से विभिन्न ग्रहों के बीच की दूरी की अनुमानित गणना करने के लिए बोड ने एक सिद्धांत का प्रतिपादन किया था, तब इसे बोड के नियम के नाम से जाना जाता था। उनका भी यही मानना था कि सौरमंडल की संरचना में ग्रहों के परिक्रमा-कक्ष के बीच इतना विशाल खाली स्थान होना अप्राकृतिक-सा है और अवश्य ही इसमें कोई एक ग्रह अपनी कक्षा में परिक्रमा कर रहा होगा, इसीलिए यह तर्क बनता था कि इस ग्रह की खोज की जाए। उसने 24 खगोलशास्त्रियों का एक सम्मेलन आयोजित किया। इसमें एक टीम गठित की गई 'द सेल्शियल पुलिस' अर्थात् 'खगोलीय पिंडो के सिपाही'। इसका नेतृत्व सौंपा गया जर्मन-हंगरी के खगोलशास्त्री फ्रेंज ज़ेवर वोन ज़ेक (1764-1832) को। इस टीम के प्रत्येक सदस्य को अंतरिक्ष के उस विशिष्ट क्षेत्र को ढूंढ़ना था।

उधर इटली के एक खगोलशास्त्री गुईस्पे पियाजी (1746-1826) तारों की गहन अध्ययन में लगे हुए थे, उन्हें इस टीम द्वारा चलाए गए कार्यक्रम की कोई जानकारी भी नहीं थी। एक दिन, पियाजी की किस्मत खुल गई। उन्नीसवीं शताब्दी के पहले दिन यानी 1 जनवरी

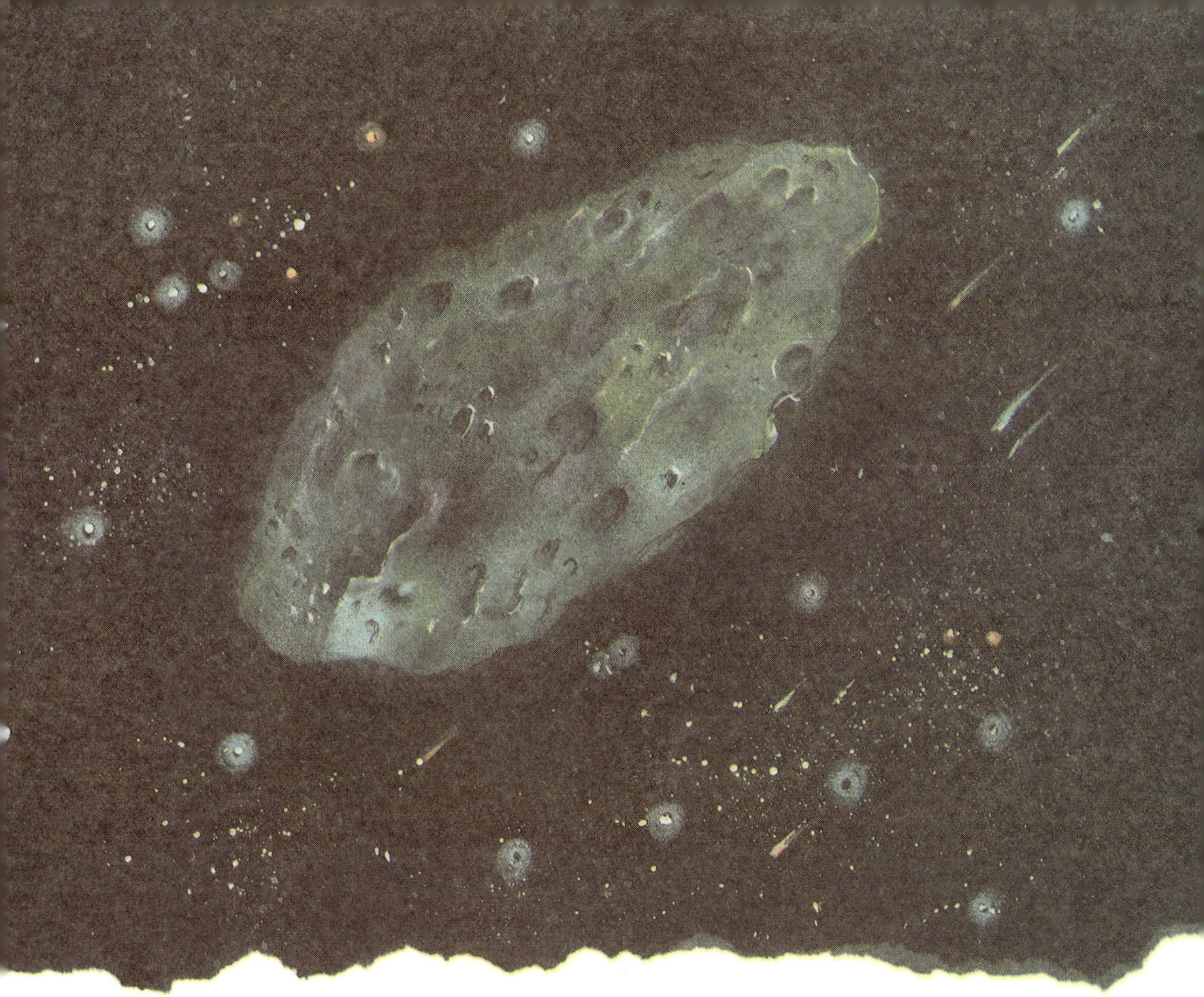

1801 को उन्हें अंतरिक्ष में एक अजीब-सा पिंड दिखाई पड़ा। यह बहुत छोटा था, जो इसे ग्रह बताया जाता। पियाजी ने अपने इस अन्वेक्षण के बारे में बोड को बताया। केवल 768 किलोमीटर के व्यास वाले इस छोटे से पिंड का नाम सिसली के रक्षक-दूत 'सिएर' रखा गया। और ये तो केवल एक शुरूआत थी। खगोलशास्त्रियों ने ऐसे कई पिंडों को खोज निकाला। अब चूंकि ये अति-सूक्ष्म थे और ग्रहों से भिन्न थे इसीलिए हर्शेल ने सन् 1802 में इन पिंडों का सामूहिक नाम 'एस्ट्रॉइड्स' अर्थात् 'क्षुद्रग्रह' सुझाया। इन्हें 'सूक्ष्म-ग्रह' अथवा 'छोटे-ग्रह' भी कहा जा सकता है।

दूसरे क्षुद्रग्रह का अन्वेक्षण 28 मार्च 1802 को हेनरिच विलहेम माथोस ऑलबर्स (1758-1840) द्वारा किया गया था। इसका नाम

पलास रखा गया। यह पहले वाले से अपेक्षाकृत छोटा था, इसका व्यास 480 किलोमीटर था। तीन वर्षों के बाद तीसरे क्षुद्रग्रह 'जूनो' की खोज हुई। केवल 192 किलोमीटर के व्यास वाला यह क्षुद्रग्रह काफी छोटा था। फिर चौथे की खोज हुई, इसका नाम रखा गया–विस्ता, जिसका व्यास 384 किलोमीटर था। इसके पश्चात् 'द सेल्शियल पुलिस' की टीम भंग हो गई और क्षुद्रग्रहों का अन्वेक्षण बंद हो गया।

चालीस वर्षों बाद, एक बार फिर ये खोज शुरू हुईं और एस्टेरिया और हेबे जैसे क्षुद्रग्रहों का अऩ्वेक्षण हुआ। फिर तो हर ओर से ऐसे सफल अन्वेक्षणों की रिपोर्ट्स आने लगी, कभी-कभी 1 वर्ष में 20 से अधिक क्षुद्रग्रहों की खोज हुई। 19वीं शताब्दी का अंत होते-होते जर्मनी के मैक्स वोल्फ (1863-1932) ने इन अन्वेक्षणों पर एक फोटो-प्रदर्शनी आयोजित की। इरोज़ (व्यास 48 किलोमीटर), एमोर (व्यास 3 किलोमीटर) और हर्म्स (व्यास 1.6 किलोमीटर) जैसे अति-सूक्ष्म ग्रह खोजे जा चुके थे। जब कभी वैज्ञानिक किसी बड़े ग्रह की तलाश कर रहे होते तो कोई-ना-कोई छोटा ग्रह मिल जाता।

चट्टानों और कंकड़ों के बने क्षुद्र ग्रह अनियमित रूप से सूर्य के चारों ओर घूमते हैं।

ऐसे हज़ारों क्षुद्रग्रह हैं, जो मंगल और बृहस्पति के बीच के खाली स्थान में विचरण कर रहे हैं। क्षुद्रग्रह गोलाकार होते हैं और चट्टानों और कंकड़ों के बने होते हैं। ये सूर्य के चारों और अनियमित रूप से चक्कर लगा रहे हैं। आमतौर पर यह एक-दूसरे से टकराते रहते हैं। ठीक उसी प्रकार से, जैसे लापरवाह वाहन चालक अपने मार्ग से तो परिचित होते हैं लेकिन गलत ओर से ओवरटेक करने के चक्कर में दुर्घटनाओं का कारण बनते हैं, ये भटकते खगोलीय पिंड भी लगातार एक-दूसरे से भिड़कर टुकड़ों में बदलते रहते हैं। अपने रास्तों से भटककर ये फिर अपना परिक्रमा-पथ बदल लेते हैं। क्षुद्रग्रहों के छोटे-छोटे कण 'उल्काएं' बन जाते हैं।

कभी-कभार क्षुद्रग्रह पृथ्वी के लिए जोखिम बन जाते हैं। इरोज़ पृथ्वी से 24 मिलियन किलोमीटर की दूरी से गुज़रा था। ठीक वैसे ही हर्मिस, एडोनिस और इकारस भी हमारी पृथ्वी से टकराने का भयानक मज़ाक कर चुके हैं। हालांकि, वैज्ञानिक यह सुनिश्चित करते हैं कि हमें इन भटकते पिंडों से कोई खतरा नहीं है।

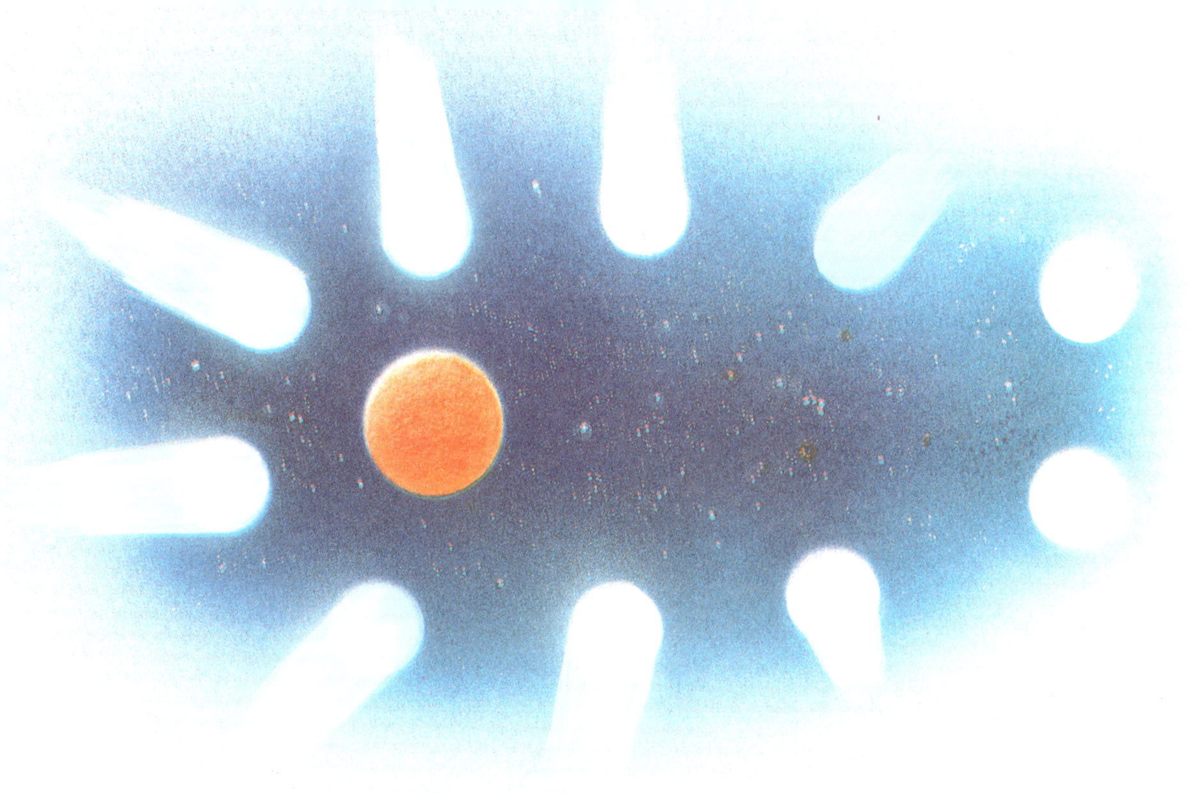

धूमकेतु की पूंछ सूर्य से विपरित ओर रहती है।

धूमकेतु

सौर परिवार का सबसे डरावना सदस्य है–धूमकेतु। इसे पुच्छल तारा भी कहते हैं। अनोखा–सा इनका शीर्ष, रेशेदार–सी संरचना, दहकती हुई भयानक पूंछ और तेज़ चमक इन्हें एक विशालकाय दैत्य जैसा रूप देती है। इनकी कुछ कहानियां पुरातन काल से भी चली आ रही हैं। परंतु वास्तव में ये हानि नहीं पहुंचाते और शक्तिहीन होते हैं। बिना किसी तर्क और कहानी के धूमकेतु आदि काल से लोगों के दिलों में भय पैदा करते थे। इन्हें किसी बड़े राजा की मृत्यु, प्रलय, युद्ध, भुखमरी आदि का अपशकुन माना जाता था। धूमकेतु का देखा जाना ऐसा माना जाता था कि ये ईश्वर की चेतावनी बनकर आया है।

ऐसे लाखों–करोड़ों धूमकेतु सूर्य के चारों ओर विचरण कर रहे हैं। इनमें से अनुमानतः 1,000 धूमकेतुओं की पहचान की जा चुकी है। लेकिन ऐसे बहुत ही कम हैं जिन्हें पृथ्वी के निकट देखा गया है। एक

धूमकेतु के तीन भाग होते हैं। इसमें बर्फ और धूल की एक छोटी-सी नाभि होती है जो 16 किलोमीटर तक चौड़ी हो सकती है। इसके चारों ओर गैस और धूल का एक विशाल, पतला, प्रकाशमान बादल होता है जिसे 'कोमा' कहा जाता है। यह लगभग 1,60,00,000 किलोमीटर तक चौड़ा हो सकता है। इसके तीसरे भाग में गैस और धूल की बनी 16,00,00,000 किलोमीटर लम्बी पूंछ होती है। सन् 1843 में दिखाई दिए गए धूमकेतु की पूंछ 20,00,00,000 किलोमीटर लम्बी थी।

हेली के धूमकेतु को छोड़कर आमतौर पर धूमकेतुओं का नाम उनके अन्वेक्षकों के नाम पर रखा जाता है। इनमें से पोन्स, एन्के, बाइला, बीनेट, सेकी, मर्कोस, दोनाती, डेलावेन और पिकरिंग प्रमुख हैं। कुछेक धूमकेतुओं के अन्वेक्षक एक से अधिक वैज्ञानिक हैं जैसे एरेंड-रोनाल्ड और टागो-सेटो-कोसाका।

धूमकेतु का एक रोचक पहलू यह है कि इसकी पूंछ सूर्य के निकट आने पर बनती है। जैसे-जैसे ये सूर्य के निकट पहुंचता जाता है इसके शीर्ष से एक वाष्पीकरण होता है और तेजी से इसके प्रकाश के समान अति-सूक्ष्म कण निकलने शुरू होते हैं इसी से धूमकेतु की पूंछ की संरचना तैयार होती है। ऑलबर्स के अनुसार जब धूमकेतु सूर्य के आस-पास होते हैं तो इनकी पूंछ अस्थाई आभास के रूप में दिखाई पड़ती है। ये पूंछ सदैव सूर्य से विपरित ओर रहती है। जब धूमकेतु सूर्य से दूर जा रहा होता है तो ये अपनी पूंछ को सामने रखकर चलता है। जैसे धूमकेतु अपनी पूंछ को सूर्य की ओर रखने से डरता हो।

धूमकेतु की पूंछ सूर्य के निकट आने पर बनती है।

धूमकेतु विभिन्न प्रकार की पूंछों के साथ दिखते हैं—कुछ मोटी तो कुछ गुच्छेदार, कुछ पतली तो कुछ लम्बी पूंछ लिए होते हैं। कुछ की तो एक से अधिक पूंछ भी होती है। दोनाती धूमकेतु की तीन सुंदर-सी और घुमावदार पूंछें हैं। जब सूर्य की विकिरणों द्वारा किसी धूमकेतु का सिरा विघटित होता है तो इससे खंडित हुए टुकड़े पूंछ बन जाते हैं। सन् 1744 के डचसिऑक्स के धूमकेतु की सात पूंछें थीं। 1944 में छह और 1948 में दो पूंछों वाला धूमकेतु दिखाई पड़ा था। आपको ये हास्यप्रद लगेगा कि धूमकेतु बिना पूंछ के भी होते हैं। धूमकेतु देखने में भले ही राक्षस के मुंह से निकली आग जैसे दिखें लेकिन लोवेल के अनुसार ये 'खाली थैले' के अतिरिक्त कुछ नहीं हैं।

पिछली दो शताब्दियों में हमारी पृथ्वी धूमकेतु की पूंछ में से दो बार गुज़र चुकी है और इससे किसी प्रकार की हानि भी नहीं हुई।

ग्रहों से अलग धूमकेतु संख्या में अधिक हैं और इनका अनियमित-सा परिक्रमा पथ 10^5 AUs अर्थात् 10^5 खगोलीय इकाई जितना फैला है। कुछ धूमकेतुओं की परिक्रमा-अवधि काफी छोटी होती है। उदाहरण के लिए एन्के अपनी परिक्रमा पूरी कर 27 माह में वापिस उसी स्थान पर लौट आता है, यानी यह 27 माह में एक बार देखा जा सकता है। हेली के धूमकेतु जैसे ऐसे दर्जनों धूमकेतु हैं जिनकी परिक्रमा अवधि 150 वर्षों से कम की होती है। अधिकतर धूमकेतुओं की परिक्रमा अवधि 10,000 वर्ष से अधिक होती है। सन् 1914 में अन्वेक्षित डेलावेन धूमकेतु की परिक्रमा अवधि पच्चीस मिलियन वर्ष है।

हाल ही के वर्षों में सबसे अधिक प्रसिद्ध रहा है-हेली का धूमकेतु। ब्रिटिश खगोलशास्त्री सर एडमंड हेली (1656-1742) न्यूटन के घनिष्ट मित्र थे। उन्होंने 240 ई.पू. के रिकॉर्ड में उपलब्ध एक चमकदार धूमकेतु के बारे में अध्ययन किया। इस धूमकेतु को सन् 1531, 1607 और उसके बाद 1682 में देखा गया। अन्य वैज्ञानिकों ने इसे एक न मानकर अलग-अलग धूमकेतु मान लिया था जबकि हेली पहले ऐसे व्यक्ति थे जिन्होंने यह पाया कि ये धूमकेतु एक ही है और 75-76 वर्ष की अवधि में दिखाई पड़ता है। पहली बार उन्होंने धूमकेतुओं की इस विशेषता के बारे में लोगों को अवगत कराया था कि ये अपनी-अपनी परिक्रमा अवधि के अनुसार विचरण कर रहे हैं यानी ऐसा नहीं है कि ये यूं ही घूम रहे हैं। भले ही हेली ने इस धूमकेतु का अन्वेक्षण नहीं किया था लेकिन इसके बारे में किए गए गहन अध्ययन का श्रेय उन्हें देने के लिए इस धूमकेतु का नाम 'हेली धूमकेतु' रखा गया। 'हेली धूमकेतु' सन् 1758 में क्रिसमस के दिन दिखाई पड़ा था। हेली पहले से ही इसकी भविष्यवाणी कर चुका था। लेकिन इससे पहले ही खगोलशास्त्री हेली का निधन हो गया। उसके बाद मार्च 1986 में भी ये दिखाई दिया। ऐसी आशा है कि अब ये 2062 में दिखाई पड़ेगा और आप में से ही कुछ इसे देख भी पाएंगे।

धूमकेतु यूं ही नहीं घूमते बल्कि ये अपनी एक विशिष्ट परिक्रमा अवधि के अनुसार विचरण कर रहे हैं।

धूमकेतुओं की उत्पत्ति के बारे में वैज्ञानिकों का अलग-अलग दृष्टिकोण है। न्यूटन का मानना था कि धूमकेतुओं का जन्म सौरमंडल

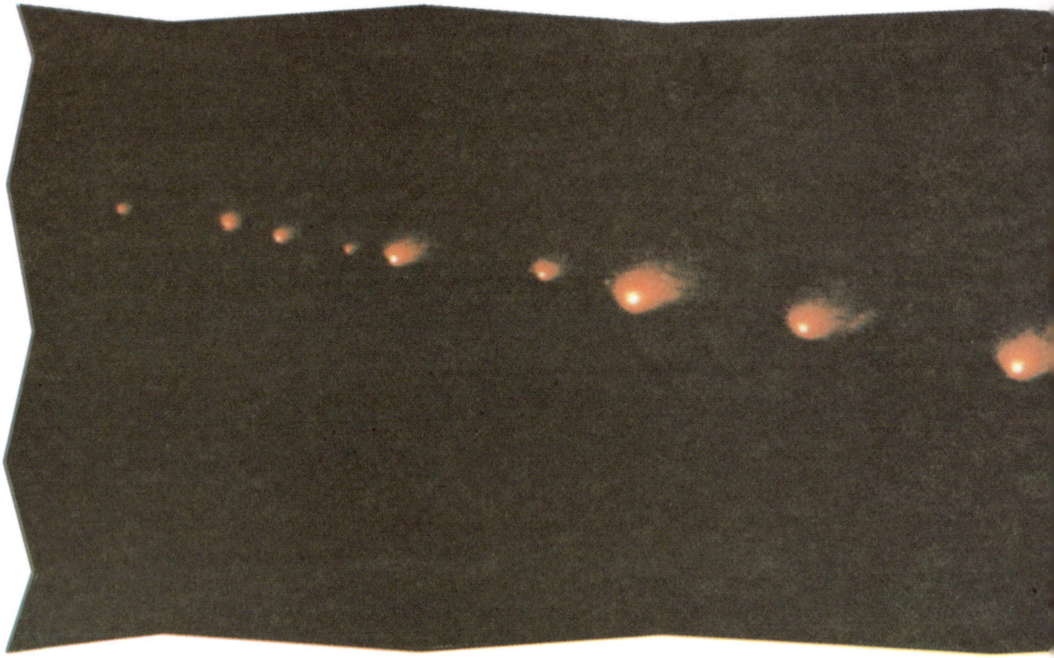

में होता है और ये यहीं रहते हैं, इसके अतिरिक्त ये गुरुत्वाकर्षण-बल के नियमानुसार विचरण करते हैं। लाप्लेस का कहना था कि ये सौरमंडल के बाहर के अन्य तारामंडलों से आए आगन्तुक पिंड हैं। इस बारे में हेली का मत था कि धूमकेतु सूर्य द्वारा संयोगवश सौरमंडल में छोड़े जाते हैं। ये पृथ्वी के आस-पास बहुत ही कम दिखाई पड़ते हैं और हमसे बहुत दूर रहते हैं। लंबे समय तक ये दिखाई नहीं देते। सूर्य से 50,000 AUs (खगोलीय इकाई) दूर एक विशाल बादल ओर्ट क्लाउड है, जिसका नाम सन् 1900 में जन्मे डच के एक खगोलशास्त्री जेन हेंड्रिक ओर्ट के नाम पर रखा गया था। यही 10 मिलियन या उससे भी अधिक धूमकेतुओं की उत्पत्ति का स्थान माना जाता है।

हर समय एक धूमकेतु सूर्य से गुज़रता है और सौर-विकिरणें और उच्च-दाब छोड़ता जाता है। परिणामस्वरूप, इसका आयतन भी कम होता जाता है। इसके नष्ट अंश अंतरिक्ष के अलावा सौरमंडल के बाहर भी बिखरते रहते हैं। अंततः धूमकेतु का पूरी तरह क्षय हो जाता है और ये अपने परिक्रमा-पथ के चारों ओर एक रेखा का रूप लेता है।

एक उत्तम उदाहरण है-बाइला धूमकेतु, जिसका जीवन काल काफी अनोखा था। 27 फरवरी 1826 को आस्ट्रिया के विलहेम वोन बाइला

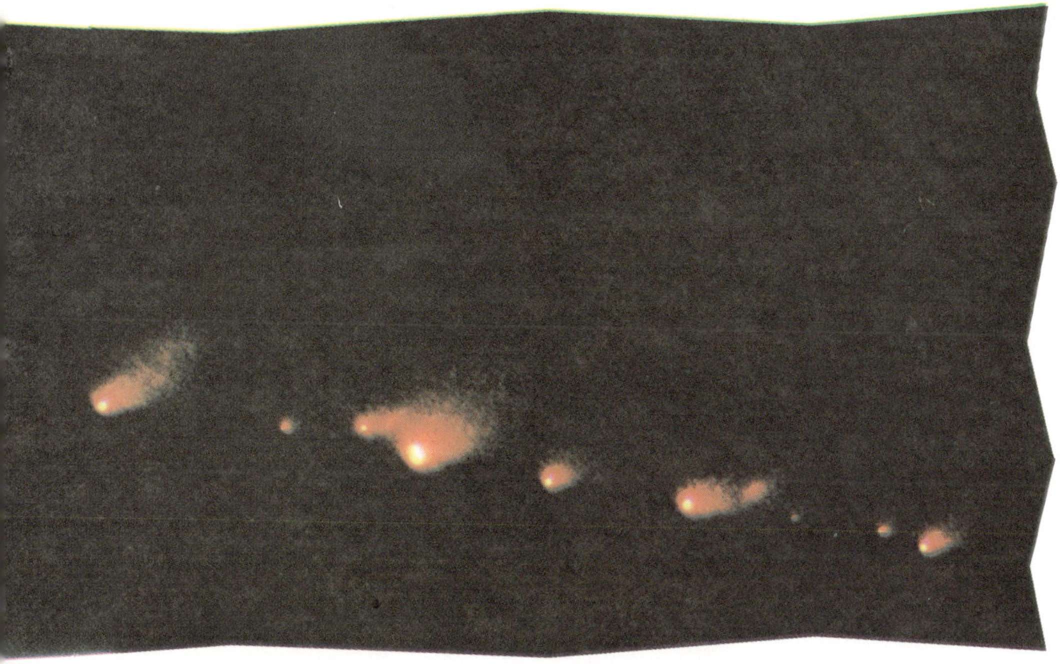

(1782-1856) द्वारा अन्वेक्षित इस धूमकेतु में यह विशेषता पाई गई कि ये सूर्य के चारों ओर छह से सात वर्षों में चक्कर लगाता दिखाई पड़ता। सन् 1832 में जब इसके दिखने का समय आया तो खगोलशास्त्रियों ने यह सनसनी फैला दी थी कि इस बार ये पृथ्वी से टकराएगा। लेकिन ये पृथ्वी के पास 80 मिलियन किलोमीटर तक ही आया।

जब एक धूमकेतु सूर्य के पास से गुज़रता है तो सौर-विकिरणें और दाब छोड़ जाता है।

29 दिसम्बर 1846 को कैम्ब्रिज में केलिस ने एक अजीब-सी घटना देखी। उसने देखा कि 'बाइला धूमकेतु' दो अलग-अलग टुकड़ों में बंट गया है और दो हिस्सों में बंट चुके ये टुकड़े एक-दूसरे से दूरी बनाकर साथ-साथ चलने लगे हैं। इससे भी अनोखा अवलोकन यह किया गया कि साथ चलते-चलते यह एक-दूसरे से चमक की अदला-बदली कर रहे थे। सन् 1852 में धूमकेतुओं का ये जोड़ा साथ विचरण करता हुआ फिर देखा गया।

27 नवम्बर 1872 को एक धूमकेतु के विघटन के परिणामस्वरूप उल्काओं का रंगीन दृश्य देखा गया था। इसके लगभग 40 से 50 हज़ार अंश गुम हो चुके बाइला धूमकेतु के पुराने मार्ग पर चले गए। इटली के अन्वेक्षक डेन्ज़ा ने इस घटना को 'आग की असली बारिश' का नाम दिया था। तब वैज्ञानिकों को पता लग गया कि बाइला धूमकेतु

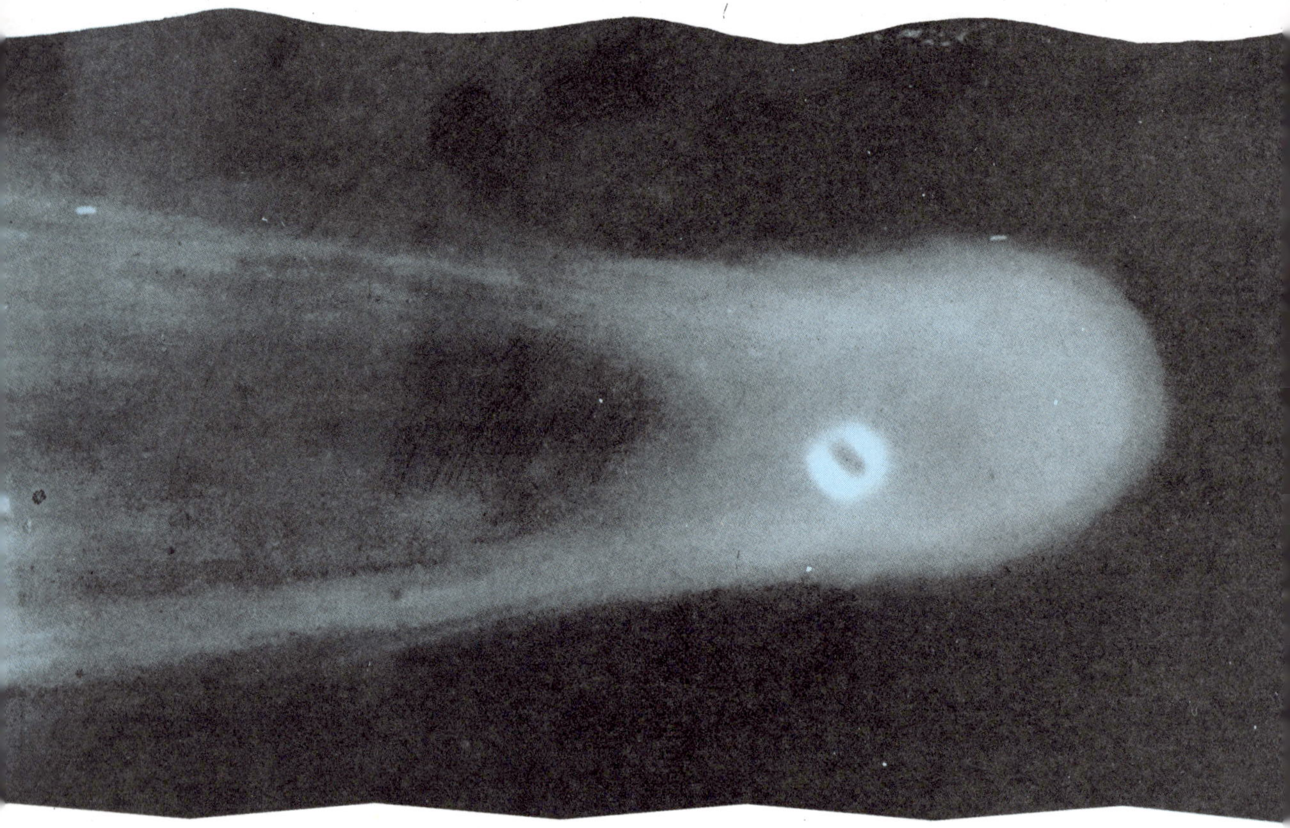

हेली धूमकेतु

का अंत हो चुका है। इस धूमकेतु को 'जोड़ा धूमकेतु' या 'गुम हो चुका धूमकेतु' भी कहा जाता है। 24 मार्च 1993 को एक रोचक खबर ये आई थी कि टेलीफोटोग्राफ्स की सहायता से अमेरिकी युगल केरोलिन और यूजिन शूमेकर और डेविड लेवी द्वारा धूमकेतु 'शूमेकर-लेवी 9' की खोज हुई। यह धूमकेतु ऐसा दिखता था कि जैसे 21 मोतियों का एक अनोखा हार हो। इसके बारे में वैज्ञानिकों ने पहले ही भविष्यवाणी कर दी थी, 17 जुलाई 1994 को यह बृहस्पति से टकरा गया। धूमकेतु की बृहस्पति से भिड़ंत सुबह 1:30 बजे से प्रारंभ हुई थी, उसके बाद इसके अंश बृहस्पति पर 23 जुलाई तक धमाके करते रहे थे। यह सदी की सबसे बड़े खगोलीय घटना कहलाई। मुम्बई में नेहरू प्लेनेटेरियम के संयुक्त निदेशक जे.जे. अग्रवाल ने इस विषय पर कहा था कि बृहस्पति के साथ शूमेकर-लेवी 9 की टक्कर ने ताप-आणुंविक अभिक्रिया उत्पन्न कर दी है जो करोड़ों वर्षों के बाद बृहस्पति को एक और सूर्य बनाकर रख देगी।

उल्काएं

इस बड़े परिवार में 'उल्काएं, भी शामिल हैं। इन्हें 'शूटिंग स्टार्स' भी कहा जाता है, लेकिन तारों से इनका कोई संबंध नहीं है। 'उल्का' अपेक्षाकृत एक छोटा पिंड होता है और इसका रूप क्षुद्रग्रह के जैसा होता है। उल्काएं भी अन्य खगोलीय पिंडों की तरह सूर्य के चारों ओर घूमती हैं। ये चट्टानों और धातुओं की बनी होती हैं।

खुले अंतरिक्ष के काले भाग में विभिन्न मार्गों पर समानांतर झुंडों में विचरण करना उल्काओं की प्रवृत्ति है। अरबों वर्ष पूर्व जब ग्रहों की उत्पत्ति हुई थी तब से करोड़ों उल्काएं सूर्य के चारों ओर गोल-गोल भाग रही हैं, जैसे घोड़े दौड़ लगा रहे हों और ये सब हमारी दृश्य-क्षमता से भी कहीं दूर हैं। इनमें से कुछ उल्का-पिंड अंतरिक्ष के उस बाहरी भाग से सीधे पृथ्वी को निशाना बनाकर उसकी ओर दौड़ पड़ते हैं, जैसे ही ये पिंड पृथ्वी के वायुमंडल में प्रवेश करते हैं, सुर्ख-लाल और गर्म हो जाते हैं। एक अनुमान के अनुसार 200 मिलियन उल्काएं प्रतिदिन हमारे वायुमंडल में प्रवेश करती हैं। वे 72 किलोमीटर प्रति सेकेंड की तीव्रतम गति से आती हैं और वायु के साथ घर्षण करती हुई लाल और गर्म हो जाती हैं। वास्तव में पृथ्वी का वातावरण ऐसा शिथिल और कोमल है जैसे फूलों की पंखुड़ियां या जैसे एक पक्षी के पंख, परंतु तेज़ गति की प्रतिरोधक-शक्ति इसमें अत्यधिक है। इस विपरित शक्ति से उत्पन्न घर्षण उल्का में ऊष्मा पैदा

कर देता है और यह लाल रंग का होकर सफेद रंग में परिवर्तित हो जाता है। संभवत: इसका तापमान 7,000 डिग्री सेल्शियस तक हो जाता होगा। उल्का के अंश जलकर चमकदार गैसों की एक पूंछ-सी पीछे छोड़ते जाते हैं। उल्का की चट्टानों के जलते हुए ऐसे अंश आकाश में चमकदार धारी या प्रकाश की दमक की तरह दिखाई पड़ते हैं और इन्हें ही हम 'शूटिंग स्टार्स' या 'गिरता हुआ तारा' कहते हैं।

हालांकि अधिकतर छोटी उल्काएं पृथ्वी के वातावरण में प्रवेश करते ही सतह पर पहुंचने से पूर्व मार्ग में ही जलकर पूरी तरह भस्म हो जाती हैं, लेकिन कभी-कभार कुछ बड़ी उल्काएं ग्रहों की सतह पर मिसाइल की तरह मार करती हैं। उल्का-वृष्टि के ऐसे आक्रमणों के कारण सतह पर बड़े-बड़े गर्त्त बन जाते हैं जैसा कि शुक्र, बुध और चंद्रमा पर बने हैं। उल्का में धातु और पत्थरों के टुकड़ों को 'उल्काश्म' कहते हैं। उदाहरण के लिए एरिजोना में एक 'गिरी हुई उल्का' ने एक बड़ा-सा गर्त्त बना दिया था, ये गर्त्त लगभग 4,150 फुट चौड़ा और 570 फुट गहरा है। ऐसा ही एक अन्य गर्त्त आस्ट्रेलिया के वोल्फ क्रीक में है। ऐसी घटनाओं की कई और कहानियां भी हैं। सन् 1908 और सन् 1947 में रूस के साइबेरिया में उल्का-वृष्टि हुई थी। अब चूंकि ये उल्काएं जंगली इलाकों में गिरी थीं, इसीलिए इन घटनाओं में जान-माल की कोई बड़ी हानि नहीं हुई थी।

कनाडा में जन्मे यू.एस. खगोलशास्त्री साइमन न्यूकॉम्ब (1835-1909) ने एक अनोखा अन्वेक्षण किया। उनके अनुसार न्यूनतम 1,46,000 मिलियन उल्का-पिंड प्रति वर्ष पृथ्वी की सतह पर गिरते हैं। यदि एक हज़ार में से एक भी एक मनुष्य पर जा गिरे तो इस धरा की पूरी जनसंख्या एक ही वर्ष में समाप्त हो जाएगी। प्रकृति ने हमारी पृथ्वी को ऐसी आपदाओं से बचाव के लिए कई रक्षाकवच दिए हैं।

सर्वप्रथम, हम चारों ओर से सागरों से घिरे हुए हैं, अधिकतर उल्का-पिंड इसी में जा गिरते हैं। दूसरा, हमारे वायुमंडल का कवच इस तरह का है कि गिरते हुए ये पिंड रास्ते में ही जल कर भस्म हो जाते हैं। हालांकि, एक खतरा इसमें शेष रह जाता है, वाष्प में बदल चुके इन उल्काओं की महीन धूल धीरे-धीरे पृथ्वी की सतह पर आ बैठती है। आपको आश्चर्य भी होगा कि सृष्टि का प्रत्येक प्राणी उल्काओं की धूल को हर पल श्वास के द्वारा अपने शरीर में उतारता है।

नष्ट हो चुकी उल्काओं के कंकड़-पत्थरों के कुछ नमूने वैज्ञानिकों ने इकट्ठे किए हैं। उल्का का अब तक का सबसे बड़ा एक पत्थर 60 टन का है, जो अफ्रीका के हूबा वेस्ट में रखा है। नौसेनाध्यक्ष रोबर्ट एडविन पीयरी (1856-1920) अमेरिका के एक अन्वेक्षक थे, ये पहले ऐसे व्यक्ति थे जिन्होंने उत्तरी ध्रुव का गहन अध्ययन कर महत्त्वपूर्ण जानकारियां प्राप्त की थी। ग्रीनलैंड में पाया गया उल्का का ऐसा ही एक हिस्सा पीयरी न्यूयॉर्क के प्लेनेटेरियम में लेकर आए थे, इस पत्थर का भार 36½ टन है। ऐसे ही कुछ नमूने अन्य संग्रहालयों में देखने को मिल जाएंगे। इनमें से अधिकतर चट्टानों के टुकड़ों के रूप में होते हैं। कुछ में निकल, मैग्निशियम, कोबाल्ट, आयरन, सल्फर और कुछेक में सिलिका और धातुओं के टुकड़ों के साथ अन्य तत्त्व भी पाए जाते हैं। कभी-कभार उल्काओं के खंडों में हीरे भी देखे गए हैं।

कभी-कभार उल्काओं के शूटिंग स्टार्स की अनोखी बौछार ऐसी लगती है, जैसे सभी खगोलीय इकाईयां आतिशबाज़ी के रंगारंग दृश्यों के साथ कोई उत्सव आयोजित कर रहे हों। ऐसा ही एक दृश्य 467 ईसा पूर्व रोमन के इतिहासविद्ों ने देखा था। उल्का वृष्टि का ऐसा नज़ारा सन् 1799 में हमबोल्डट ने यू.एस.ए. में देखा और इसे गंभीरता से नहीं लिया। सन् 1833 में खगोलशास्त्रियों ने अपना ध्यान उल्काओं

की बौछार पर केंद्रित किया और 12-13 नवंबर की रात उल्का-वृष्टि होते हुए देखी, ये पूरी रात चलती रही और इसके बाद इस विषय पर उनके अध्ययन प्रारंभ हो गए। ओलबर्स ने भविष्यवाणी की, कि अगली उल्का-वृष्टि 33 वर्षों के बाद होगी और ये सत्य सिद्ध हुई 13-14 नवंबर 1866 की रात ऐसी ही उल्का-वृष्टि पुनः हुई। उल्काओं की उत्पत्ति, प्रकृति, विशेषताएं और संरचना अभी भी एक रहस्य है।

उल्का गिरने पर बना एक गर्त्त

तारों से भरा परी-लोक

हम अंतरिक्ष की इस सैर के अंतिम पड़ाव पर पहुंच चुके हैं। अब सौरमंडल से बाहर निकल कर हम तारों से भरे परियों के अद्भुत लोक में पांव रख रहे हैं। ये लोक केवल हमारे सौरमंडल की गैलेक्सी तक ही सीमित नहीं है बल्कि, ये तो ब्रह्मांड की लाखों गैलेक्सियों तक फैला हुआ है। कलाकृतियों की अद्वितीय दुनिया जैसे दिखने वाला ये लोक युगों-युगों से देखा जा रहा है। स्वर्ग-सा दिखने वाला यह परी-लोक करोड़ो-अरबों तारों की चकाचौंध से सुसज्जित है। ये तारे विभिन्न आकार, आकृतियों, रंगों और परिमाण के हैं। कुछ तारे तो एक-साथ झुंड बनाए हुए हैं, कुछ इधर-उधर बिखरे पड़े हैं और कुछ तो ज्यामितिक रचनाएं बनाए हुए हैं! इस अनोखी दुनिया में हम कुछ रहस्यमयी घटनाएं भी देखेंगे।

तारे चमकीली गैसों की विशालकाय गेंद के रूप में हैं, जो अपने अक्ष पर घूमते रहते हैं।

हम जानते हैं कि सूर्य एक तारा है जबकि इसके विपरित सभी तारे एक प्रकार के सूर्य हैं, जो रात को चमकते हैं। इसीलिए ये तारे सूर्य के चारों ओर चक्कर नहीं लगाते जैसे सौरमंडल में ग्रह आदि लगाते हैं। पहले-पहल लोग ऐसा मानते थे कि तारे पृथ्वी के चारों ओर क्रिस्टल के एक गोले पर स्थाई रूप से लगे लैम्प हैं। ये गोला अदृश्य है। लेकिन स्टेलर-एस्ट्रोनमी अर्थात् तारों के अध्ययन में (लैटिन भाषा के शब्द 'स्टेला' का अर्थ है-तारा) यह स्पष्ट हो गया कि तारे चमकीली गैसों की विशालकाय गेंद के रूप में हैं जिसमें सूर्य की तरह मुख्यतः हाइड्रोजन और हीलियम गैस है। ये तारे स्थाई नहीं बल्कि अपने अक्ष पर घूमते हैं। ये बाहरी क्षेत्र में विचरण करते हैं। हेली ने तारों की स्थिति के इस स्थानातंरण का पता लगाया था। तारों का एक शोधकर्ता ही इसका वर्णन सुंदरतापूर्वक कर सकता है। "तारों की हसीन दुनिया हमें हर ओर से घेरे हुए हैं दाएं देखो, बाएं देखो हर ओर तारे ही तारे, लेकिन वो पुरानी धारणा आज भी यूं ही कायम है कि तारे स्थिर हैं। वास्तव में, ये हर पल घूम रहे हैं और इनका ये घूमना कभी नहीं रूकता।"

गैस, धूल, अंतरिक्षीय बादलों और उल्कामय अंशों का विशालकाय गुच्छा अंतरिक्ष में चक्कर लगा रहा है। इसे 'नेब्यूले' कहा जाता है

विशालकाय नेब्यूला

(नेब्यूला का अर्थ है 'कोहरा')। नेब्यूले विभिन्न आकारों के होते हैं और ब्रह्मांड में इनकी संख्या लाखों में है। गैसों के बने नेब्यूले ही तारों का उद्‌गम स्थान हैं जबकि कुछेक कर्क आकार के नेब्यूला इनका अंतिम पड़ाव होते हैं। एक मान्यता के अनुसार सूर्य और सौरमंडल एक नेब्यूला में से ही जन्मे हैं।

ठंडे पड़े एक नेब्यूला में हाइड्रोजन और हीलियम के अंश गुरुत्वाकर्षण गुण के कारण एकत्र होते हैं और दबाव से गैस के एक बड़े गोले का रूप ले लेते हैं। आंतरिक नाभिकीय अभिक्रिया के चलते जैसे-जैसे तापमान बढ़ता है, ये गैसें चमकना शुरू कर देती हैं और एक नए तारे का जन्म होता है! तारा अधिक से अधिक चमकना प्रारंभ कर देता है।

तारों का जीवन और अंत ज़्यादातर उनके आयतन और उनकी संरचना पर निर्भर करता है। बड़े आकार के अधिक चमकने वाले और गर्म तारे अपने नाभकीय ईंधन को तेज़ी से 10^{10} वर्षों में समाप्त कर देते हैं। दूसरी ओर छोटे, अशक्त और ठंडे पड़े तारे 10^{13} वर्षों तक जीवित रहते हैं।

सूर्य हमारे बहुत निकट है, जबकि अन्य तारे हमसे काफी दूर स्थित हैं और उनकी गति इतनी दूरी से स्पष्ट नहीं दिखाई दे सकती। एल्फा सेंटॉरी और प्रोग्ज़िमा सेंटॉरी ऐसे दो तारे हैं जो पृथ्वी के सबसे निकट माने जाते हैं। पृथ्वी से इनकी दूरी 4.3 प्रकाश वर्ष है। सबसे चमकीला तारा सिरिअस 8.7 प्रकाश वर्ष की दूरी पर है। आरएसएस-128 और प्रोसियोन की दूरी क्रमशः 10.9 और 11.9 प्रकाश वर्ष है। अलगोल जैसे तारे 116 प्रकाश वर्ष दूर स्थित हैं।

क्या आप इतनी दूरी का अनुमान लगा सकते है? अलगोल की जो चमक और रोशनी हम अभी देख रहे हैं उसे वहां से पृथ्वी तक पहुंचने में 116 वर्ष का समय लगा है। यानी इसकी यह रोशनी कई वर्ष पुरानी है। उत्तरी ध्रुव तारा पोलारिस और डेनेब पृथ्वी से क्रमशः 650 और 600 प्रकाश वर्ष की दूरी पर है, इसका अर्थ यह हुआ कि इनका प्रकाश अपनी यात्रा छह शताब्दियों पूर्व शुरू करता है तब जाकर हमें दिखाई पड़ता है। कई तारे हमसे लाखों-करोड़ों प्रकाश वर्ष की दूरी पर हैं। इस तरह हम अनुमान लगा सकते हैं कि तारे हमसे कितने-कितने दूर हैं? इनका प्रकाश हमारे वायुमंडल की परतों से बाधित हो जाता है और ऐसा होना स्वाभाविक भी है, इसीलिए ये हमें चमकते हुए प्रतीत होते हैं, जबकि अगर हम इन्हें वहीं जाकर देखें तो हम पाएंगे कि ये स्थाई रूप से और निरंतर चमक रहे हैं।

तारों की जो चमक हम आज देख रहे हैं, वह वर्षों पहले वहां से चली थी।

सूर्य औसत भार वाला एक तारा है। सामान्यतया अन्य तारे अधिक बड़े होते हैं और अधिक चमकते हैं। उदाहरण के रूप में बीटेलगेयूज़ नाम का तारा चौड़ाई में 44×10^7 किलोमीटर है, अर्थात् यह सूर्य से लाखों गुना बड़ा हुआ। यदि इस तारे को सूर्य के स्थान पर रख दिया जाए तो पृथ्वी का परिक्रमा-पथ निश्चित ही या तो इस तारे की परिधि पर आएगा या फिर इसके अंदर आएगा। परिक्रमा-पथ इस तारे की परिधि से अछूता नहीं रह पाएगा। औरिगा तारा हमारे सूर्य से 2,500 गुना बड़ा है। एंतारेस, एल्फा हरक्लूस और मीरा सेती तारों की त्रिज्या हमारे सूर्य की त्रिज्या से क्रमशः 560, 480 और 420 गुना बड़ी है। कुछ तारे ऐसे हैं जिन्हें हम सफेद बौने कहते हैं। इनका पूरा व्यास 27,200 किलोमीटर है और ये बड़े तारों से 100 गुना भारी हैं।

हिपेरकस ने आकार और चमक के आधार पर तारों का वर्गीकरण

करना प्रारंभ किया था। निर्धारित मानदंडों के अनुसार सर्वाधिक चमक रखने वाला तारा प्रथम आकार का है और जो अपेक्षाकृत छोटे और धुंधले-से दिखाई पड़ते हैं वे छोटे आकार की श्रेणी में शामिल होते हैं। तारों को कम-से-कम 20 वर्गों में श्रेणीबद्ध किया जाता है। प्रथम आकार की श्रेणी में आने वाले तारे सर्वाधिक प्रकाशमान, द्वितीय श्रेणी में आने वाले उससे कम चमकदार और फिर इसी तरह से आगे तक श्रेणियां बांटी गई हैं। कई बड़े तारे रोशनी में हमारे सूर्य से भी श्रेष्ठ हैं। यहां तक कि 20 सूर्य मिल कर भी सिरिअस तारे के बराबर नहीं हो सकते, रेगुलस सूर्य से 70 गुना और वेगा 50 गुना अधिक चमकीला है। रीगेल और डेनेब तारे सूर्य की चमक से क्रमशः 50,000 और 10,000 गुना ज़्यादा है, लेकिन ये बहुत ही दूर स्थित हैं।

तारों का नीला, सफेद या लाल रंग यह दर्शाता है कि ये कितने-कितने गर्म हैं।

वास्तव में, ये तारे रंगीन सूर्य हैं। तारे का रंग बताता है कि ये कितने

गर्म हैं। चमकीला नीला तारा सबसे अधिक गर्म होता है। इसकी सतह का तापमान 2,27,750 डिग्री सेल्शियस रहता है और ये ठोस होते हैं। इन्हें हीलियम तारों के नाम से जाना जाता है। सफेद तारे नए ही होते हैं, पर अपेक्षाकृत कम ऊष्मा वाले होते हैं। पीले रंग के तारों को हाइड्रोजन तारे कहा जाता है और इनका तापमान 10,000 डिग्री सेल्शियस रहता है। सबसे शीतल और पुराने तारे बड़े लाल तारे होते हैं। इनकी सतह का तापमान 1,650 डिग्री सेल्शियस रहता है। लाल तारों के बारे में किसी ने कहा है कि "जीर्ण-क्षीण हो चुके ऐसे सूर्य अपनी समाप्ति के लिए जल्दबाज़ी करते हैं"। यदि आप सोचते हैं कि तारों के आसपास का क्षेत्र शांत रहता होगा, तो आप गलत हैं। वहां इतना शोर होता है कि इतना हमारी पृथ्वी पर भी नहीं रहता होगा। रिचर्ड ए. प्रोक्टर कहते हैं," ये तारे जितने शांतिमय ढंग से विश्राम

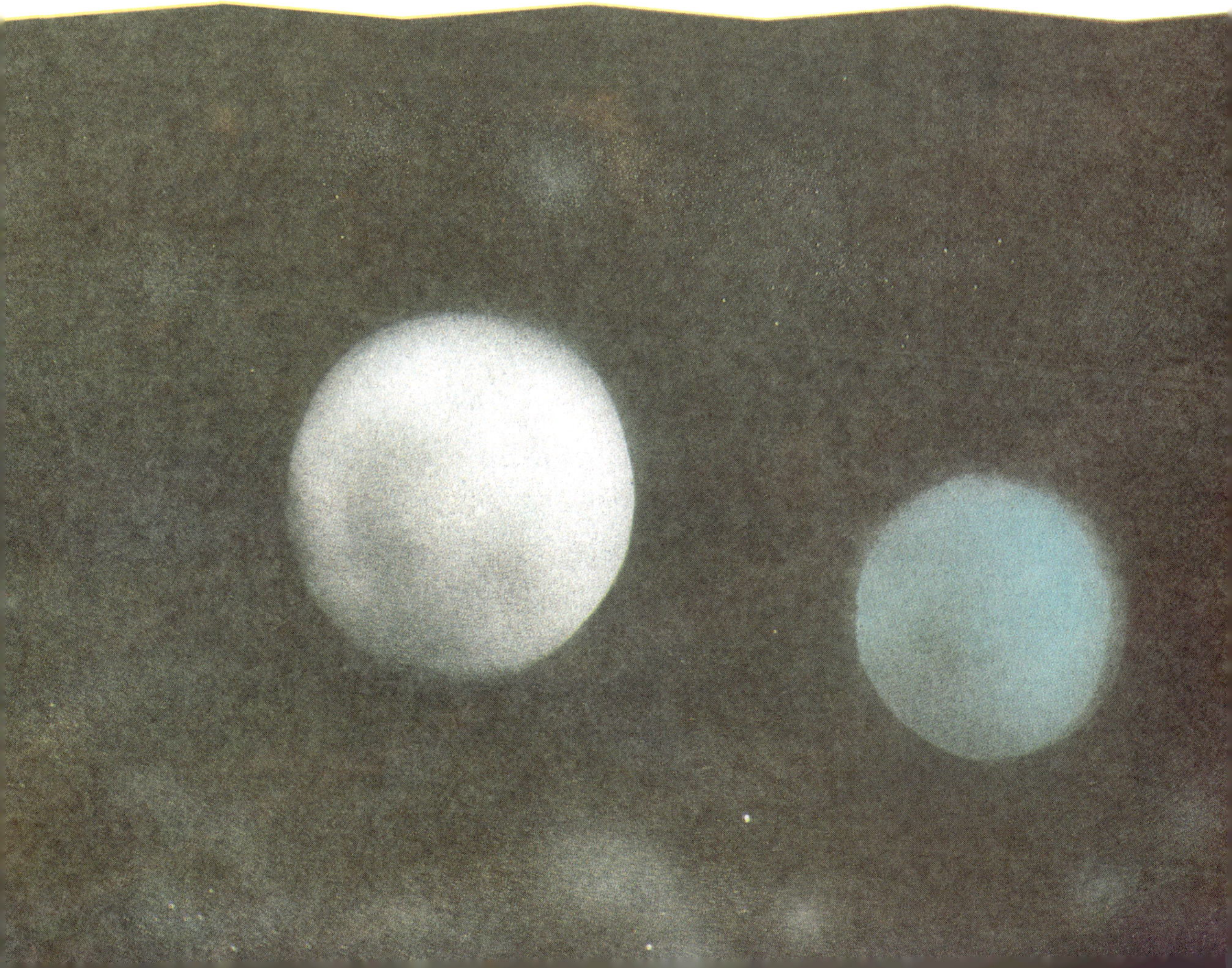

करते हुए प्रतीत होते हैं, वास्तव में ऐसा बिलकुल भी नहीं है। शोरगुल भरे वातावरण में ये उतने ही अशांत भी हैं। पृथ्वी पर होने वाले सभी प्रकार के कोलाहल (तूफान का शोर, बिजली की गड़गड़ाहट, ज्वालामुखी फटने की गर्जना और भूस्खलन के भयंकर शोर) से अगर तुलना की जाए, तो तारों के उस घोर आतंक के सामने से सब मंद नज़र आता है।" हमारे और तारों के बीच इस अनंत दूरी के चलते ध्वनि को पहुंचाने वाले किसी नियमित माध्यम के न होने के कारण, न ही तो हम उस शोर को सुन पाते और न ही तारों की भाषा को समझ पाते हैं। गत वर्षों में हम ऐसे उपकरणों को तैयार कर चुके हैं, जो हमारे दूरस्थ पिंडों द्वारा उत्सर्जित रेडियो तरंगों को प्राप्त कर इससे संबंधित अन्य अंतरिक्षीय पिंडों की पहचान करने में सहायता करते हैं।

आकाश में तारों के विभिन्न समूहों को ताराकृत्ति या तारामंडल कहते हैं।

प्राचीन समय में लोगों ने आकाश में तारों के विभिन्न समूहों को इन्हें ताराकृत्तियां (तारों के समूह) कह कर बुलाया। उन्होंने तारों की विभिन्न आकृतियों को पौराणिक पात्रों के नाम दिए, चाहे वो सजीव हों या निर्जीव। टॉल्मी ने ऐसी 48 ताराकृत्तियों को श्रेणीबद्ध किया। इनमें से कुछ ने आकाश के उत्तरी गोलार्ध को घेरा हुआ था और कुछेक दक्षिणी गोलार्ध में स्थित थे। ड्रेको (ड्रेगन), ऊर्सा मेज़र (बड़ा भालू), ऊर्सा माइनर (छोटा भालू), सिगनस (हंस), औरिगा (सारथी), सीफ्यूस (एक राजा का नाम), केसिओपिया (एक रानी) और परस्यूस (एक कथा–पुस्तक के हीरो का नाम, जो एक राजकुमारी को राक्षस से बचाता है)। ये नाम हैं आकाश में उत्तरी ओर स्थित कुछ ताराकृत्तियों के। उधर दक्षिणी छोर पर हैं–क्रक्स (सूली), ट्राइंगुलम अस्ट्राले (दक्षिणी त्रिकोण), म्यूस्का (मक्षिका), पेवो (मोर), ग्रुस (सारस), ओरिओन (हिरन का सिर), वेला (एक जहाज़ का पाल) और केरिना (जहाज़ का उलट जाना)। टॉल्मी की सूची के 48 में 40 ताराकृत्तियां बाद में शामिल की गई थीं।

तारों की इस दुनिया में तारे का अंत भी एक विलक्षण घटना है, इसे 'नोवा' या 'नवतारा' कहा जाता है। पारिभाषिक शब्द 'नोवा' या 'नवतारा' का अर्थ है-'एक नया तारा'। तारे का जब अंत निकट आता है तो इसके अंदर भयंकर विस्फोट होते हैं। ये और अधिक प्रज्ज्वलित होता है, एक ही दिन में यह अपने सामान्य आकार से 10–15 गुना

अधिक दीप्तिमान हो जाता है। इसके बाद यह एक बार फिर अपनी सामान्य स्थिति में लौट आता है। कुछ लोग किसी पुराने और मंद पड़ चुके तारे को अचानक चमकता हुआ देख गलती से उसे 'नवतारे' की स्थिति बता बैठते हैं। इसे हम तारे की 'अनियमितता' या उसकी 'चंचलता' कह सकते हैं। तथ्य बताते हैं कि ऐसा बहुत ही दुर्लभ होता है जब तारों में ऐसे विस्फोट बार-बार होते हैं। कई बार होने वाले ऐसे धमाकों को 'रीकरंट नोवे' अर्थात् 'आवर्ती नवतारे' कहा जाता है। अचानक कभी भी होने वाले ये प्रस्फोटन तारे को क्षति नहीं पहुंचाते, लेकिन इसके बाहरी हिस्से को प्रभावित करते हैं।

नवतारे की घटनाएं कभी-कभार ही होती हैं। नवतारों के नाम उनकी ताराकृतियों और जिस वर्ष में वे दिखाई पड़े, इस अनुसार रखे जाते हैं। पूर्व में विभिन्न ताराकृतियों में नवतारे देखे गए, उदाहरण-नोवा सिगनी (1876), नोवा औरिजे (1892), नोवा पेरसई (1901), नोवा जेमिनोरम (1903), नोवा जेमिनोरम (1912), नोवा एक्विले (1918), नोवा सिगनी (1920), नोवा पिकटोरिस (1925), नोवा हरक्लूस (1934), नोवा पापिस (1942) और नोवा सिगनी (1975)।

'सुपरनोवा', जैसा कि नाम से ही पता चलता है यह एक महाविशाल तारा है! जब यह अपने अंत की ओर बढ़ता है, इसमें भी विस्फोट होते हैं। परंतु सामान्य नवतारे की अपेक्षा इसके धमाके हज़ारों गुना अधिक शक्तिशाली होते हैं और ये उस तारे को धवस्त कर देते हैं। बिखर चुके तारे के हिस्से चमकती हुई गैसों के विशालकाय बादलों के रूप में अंतरिक्ष में विचरण करते हैं। कई बार इन बादलों से नए तारों-ग्रहों की उत्पत्ति की संभावना भी रहती है। अंत में सुपरनोवा अपनी सामान्य स्थिति से करोड़ों गुना अधिक चमकदार हो जाता है।

कुंडलीनुमा गैलेक्सी

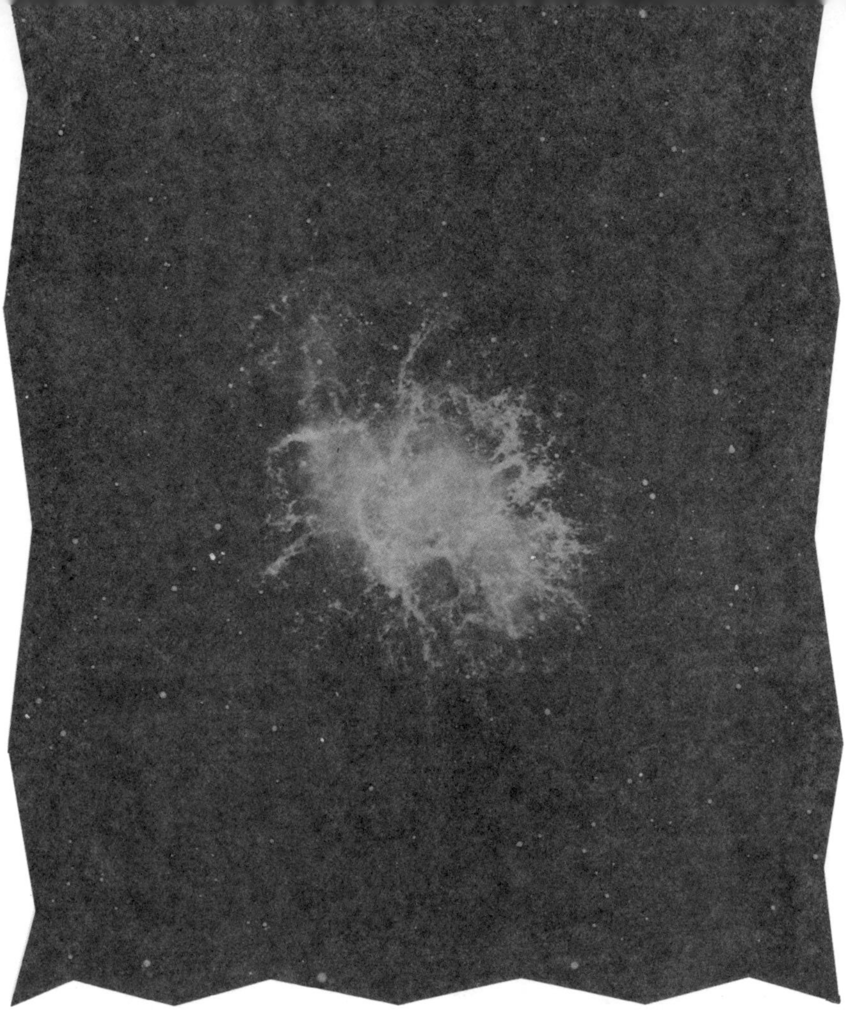

क्रेब नेब्यूला

चीन और जापान के खगोलशास्त्रियों ने 10 जुलाई 1054 में एक सुपरनोवा देखा था। ये 'सुबह या शाम को दिखने वाले शुक्र ग्रह' से पाँच गुना अधिक दीप्तिमान था। यहां तक कि दिन के समय में भी यह दिखाई दे जाता था। उसके बाद ये साल-भर में लुप्त हो जाता। चीनवासियों ने इसे 'गेस्ट स्टार' अर्थात् 'मेहमान तारे' का नाम दिया। इसे विश्व के अन्य हिस्सों में भी देखा गया। इस सुपरनोवा के भग्नावशेषों ने एक अस्पष्ट कोहरे (नेब्यूला) का रूप ले लिया। लॉर्ड रूज़ ने इसका नाम 'क्रेब नेब्यूला' रखा। यह नेब्यूला हम से 6,000 प्रकाश वर्ष की दूरी पर है। सन् 1572 में कैसियोपिया में टीको ब्राहे को एक सुपरनोवा देखने का अवसर प्राप्त हुआ था।

सन् 1604 में गैलिलियो और केपलर दोनों ने सबसे चमकदार

सुपरनोवा देखा था। इसके साथ-साथ अपनी गैलेक्सी में देखा जाने वाला ये अंतिम सुपरनोवा था। हाल ही की अगर बात करें तो 24 फरवरी 1987 में वैज्ञानिकों ने ठीक वैसा ही एक सुपरनोवा देखा था। ये एक विशाल नीला तारा-सेन्ड्यूलिक था जो अपने ही समीप की गैलेक्सी लार्ज मगेलिनिक क्लाउड (LMC) में एक विस्फोट से ग्रस्त हुआ था। LMC हमारी आकाशगंगा के निकट एक अन्य आकाशगंगा है। इसका नाम एसएन 1987 रखा गया। इसकी दूरी 1,70,000 प्रकाश वर्ष थी। इसका अर्थ यह हुआ कि सन् 1987 में यह एक असामान्य घटना रही होगी, जब लोगों ने 1,70,000 प्रकाश वर्ष पूर्व तारों की दुनिया से चली इसकी रोशनी यहां पृथ्वी पर देखी होगी। यह समझ पाना कठिन है लेकिन सेन्ड्यूलिक का अंत एक सुपर स्टार की तरह हुआ। तब से छह सुपरनोवा देखे जा चुके हैं। यदि किसी तारे का क्रोड़ ऐसे धमाकों से बच जाता है तो संभवत: ये 'न्यूट्रॉन तारे' 'ब्लैक होल' या एक 'पल्सर' के रूप में समाप्त होता है।

ये ब्लैक होल क्या है? स्वतंत्रता-प्राप्ति पूर्व के हिन्दुस्तान के लाहौर में जन्मे डॉ. सुब्रह्मनियन चंद्रशेखर (1910-1995) विश्व-विख्यात खगोल-भौतिक विज्ञानी थे, जो बाद में यू. एस. ए. जाकर बस गए थे। सन् 1983 में उन्हें भौतिकी के क्षेत्र में अपने अभूतपूर्व योगदान के लिए नोबल पुरस्कार से सम्मानित भी किया गया था। चंद्रशेखर ने तारों और सफेद बौने पिंडों की चाल और इनके क्रमिक-विकास पर गहन अध्ययन किया था। उन्होंने ही इस तथ्य का प्रतिपादन किया कि एक तारा जब अपनी समाप्ति की ओर होता है तो ये सूर्य के आयतन के 1.44 गुना तक पहुंच जाता है और अपने गुरुत्वाकर्षण बल के कारण उसका विध्वंस होकर वह एक ब्लैक-होल या काला-छिद्र बन जाता है। ये खगोलीय-गणना 'चंद्रशेखर्स लिमिट' के नाम से जानी गई।

एक विशालकाय तारा, जो अपने सारे ईंधन को समाप्त कर चुका है और अपने अंत की ओर है, प्रारंभ में वह सिकुड़ता है फिर छोटा होता जाता है।

तात्पर्य यह है कि एक तारा जो अपने सारे ईंधन को समाप्त कर चुका है और अब अपने अंत की ओर है, वह प्रारंभ में सिकुड़ता है और उसके बाद छोटा होता चला जाता है। इसमें गुरुत्व बल के अतिरिक्त कुछ भी शेष नहीं रहता। ये गुरुत्वाकर्षण इतना ज़ोरदार होता है कि प्रकाश भी इसमें से निकल कर नहीं जा सकता। इसीलिए ये स्थान अंधकारमय होकर ठंडा पड़ जाता है और दिखाई नहीं पड़ता।

समाप्त हो रहा एक तारा अपने ही गुरुत्वाकर्षण बल के कारण विध्वंस होकर 'ब्लैक होल' या 'काला छिद्र' बन जाता है।

अंततः वो तारा अपने स्थान से अदृश्य हो जाता है। परिणामस्वरूप इसे 'ब्लैक होल' या 'काला छिद्र' कहा जाता है। इसका आकार सूर्य की अपेक्षा 10^6 से 10^9 गुना तक अधिक हो जाता है। माना जाता है कि अंतरिक्ष में इसकी भयावह काली छाया भी देखने को मिलती है।

मान लीजिए कि ईंधन समाप्त होने पर एक तारे का परिमाण सूर्य के आकार से 1.4 और 2 गुने के बीच हो जाए तो क्या होगा? संभवतः यह एक 'न्यूट्रॉन तारा' बन जाएगा। सोवियत के भौतिक-विज्ञानी लेव डेविडोविच लैंडाउ (1908-1968) ने कई क्षेत्रों में महत्त्वपूर्ण योगदान दिया। सन् 1962 में उन्हें भौतिकी के लिए नोबल पुरस्कार का सम्मान भी प्राप्त हुआ। 1932 में उन्होंने भविष्यवाणी की थी कि अंतरिक्ष में न्यूट्रॉन तारे उपस्थित हैं। उनका मानना था कि न्यूट्रॉन तारा सूक्ष्माकार परंतु असामान्य रूप से भारी होगा। क्यों? आप जानते हैं कि सूर्य का परिमाण 2.2×10^{27} टन है। मान लीजिये कि इस विशालकाय आयतन के दुगने पिंड को मज़बूती से दबाकर एक छोटे तारे में परिवर्तित किया जाए तो क्या होगा? यह सघन और पानी से भी भारी नहीं हो जाएगा? एक समय के बाद इसे और अधिक संकुचित नहीं किया जा सकेगा। यही एक 'न्यूट्रॉन तारा' कहलाता है।

पल्सर भी तारे का अवशेष है जो किसी सुपरनोवा के विस्फोट से उत्पन्न होता है। खगोलशास्त्र में आकस्मिक अन्वेक्षण बहुत साधारण-सी बात है। अंतरिक्ष में पल्सर्स की उपस्थिति भी संयोगवश ही सामने आई थी। इनकी खोज सन् 1967 में कैम्ब्रिज की एक शोधकर्ता जोसलीन बैल ने की थी। एक दिन अचानक अपने रेडियो रिसीवर पर कुछ शक्तिशाली तरंगों को पाकर वह चकित हो उठी। उसने देखा कि ये तरंगे 1.33 (शुद्ध रूप में 1.33728) सेकेंड के नियमित अंतराल पर एक खगोलीय पिंड से आ रही थी और क्षीण-सा इसका स्पंदन 0.3 सेकेंड तक था। विज्ञान-जगत में जोसलीन के कुछ और ऐसे अन्वेक्षणों को वैज्ञानिकों द्वारा मान्यता मिली। सन् 1975 तक लगभग 150 ऐसे पिंडों का पता लगाया गया। ये अन्वेक्षण थे-तारे, टिमटिमाना या चमक का कम-ज़्यादा होना इनकी विशेषता है। ये नियमितता के साथ तेज़ रोशनी उत्सर्जित करते हैं। अन्वेक्षण के बाद इनका नाम स्पंदमान प्रसार स्रोत यानी पल्सर्स रखा गया क्योंकि इनकी ऊर्जास्विता निरंतर न होकर हृदय की धड़कन 'पल्सर्स पल्स' के समान होती हैं। ऐसा अनुमान लगाया गया है कि हमारी आकाशगंगा में 10^7 पल्सर्स हैं। सूर्य की अपेक्षा 5000 गुना अधिक ऊर्जा होने के बावजूद भी ये हमारी नग्न आँखों से दिखाई नहीं पड़ते।

गुरुत्वाकर्षण बल के आपसी बंधन में बंधे युग्म-तारों के जोड़े 'बाइनरीज़' कहलाते हैं।

आश्चर्यचकित कर देने वाले ऐसे पिंडों का यहां कोई अंत नहीं है। ये तारों की इस अनोखी दुनिया में आसानी से नज़र भी नहीं आते। कई तारे तो ऐसे हैं जो समय-सारणियों के अनुसार अपनी रोशनी को कम-ज़्यादा करते रहते हैं। फेब्रिसियस इस प्रकार का पहला ऐसा तारा था। हमारे घरों में लगे बिजली के बल्ब बिजली आपूर्ति की वोल्टेज के अनुसार रोशनी में कम-ज़्यादा होते रहते हैं। ठीक इसी प्रकार, अपनी सतह की परतों के विस्तार और संकुचन के अनुसार इन तारों की चमक भी कम और ज़्यादा होती रहती है। ऐसे सभी तारे परिवर्ती तारे या पल्सेटिंग स्टार्स के नाम से जाने जाते हैं। ऊपर वर्णित सभी पल्सर्स इसी प्रजाति के ही हैं।

ब्रिटिश खगोलशास्त्री, जॉन गुडरिक (1764-1786) ने सन् 1784 में सेफियस तारामंडल में डेल्टा सेफी का अन्वेक्षण किया था, जो 5.3 दिनों की अवधि पर अपनी रोशनी को कम-ज़्यादा करती है। जिन

तारों की ये अवधि तीन से पचास दिनों तक हो जाती है उन्हें 'सेफाइड वेरीएबल्स' या 'सेफाइड परिवर्ती तारे' कहा जाता है। सन् 1912 में हेनरिएटा लेविट ने एक बिंदु का पता लगाया जहां लगभग उन्नीस हज़ार वेरीएबल्स दिखाई पड़े। नियम के अनुसार सेफाइड्स विशाल पिंड होते हैं जिनकी चमक अनूठी है। महत्त्वपूर्ण बात यह है कि सेफाइड्स गैलेक्सियों से बहुत दूर स्थित हैं और इसीलिए इनकी स्थिति दूरस्थ गैलेक्सियों और ब्रह्मांड के अथाह सागर में आंकी जा सकती है।

जब आप तारों की ओर देखेंगे, तो उनमें से कुछेक आपको अकेले और निर्जन पड़े दिखाई देंगे, लेकिन ध्यानपूर्वक इनका अवलोकन करने के पश्चात् ये जुड़वां तारे प्रतीत होंगे। इन्हें 'बाइनरी' या 'युग्मतारा' का नाम दिया गया है। 700 युग्मतारों की खोज कर उनकी एक वर्गीकृत सूची बनाने में विलियम हर्शेल का नाम सबसे ऊपर है। युग्मतारों के जोड़े गुरुत्वाकर्षण बल के आपसी बंधन में पर्याप्त दूरी पर अंतरिक्ष में स्थित हैं। अंतरिक्ष के एक ही क्षेत्र में एक ही समय पर ये दोनों तारे अंतर-तारकीय गैसों से पैदा हुए थे। लेकिन ये अजीब-सी बात है कि ये दोनों परिमाण, आकार और चमक में एक-दूसरे से भिन्न हैं। उदाहरण के लिए संतरी रंग के विशालकाय तारे का जुड़वां नीले रंग का एक मध्यम आकार वाला तारा होगा। सूर्य जैसे पीले रंग के तारे का जुड़वां एक सफेद छोटा तारा होगा। चमकदारे तारे का साथी-तारा कम चमक वाला होगा। सीरिअस इसका एक अच्छा उदाहरण है। ये अपने साथी-तारे से 10,000 गुना अधिक चमकीला है जो कि एक सफेद छोटा तारा है। इसे सीरिअस 'बी' कहा जाता है।

युग्मतारों के कई प्रकार हैं। इनमें से कुछ दृश्य होते हैं और कुछ ऐसे होते हैं जिन्हें दूरबीन की सहायता से ही देखा जा सकता है। ये एक दूसरे से काफी दूर पर स्थित हैं, ये दूरियां 100 से 10,000 AUs (खगोलीय इकाई) तक हैं। अब तक कई हज़ार युग्मतारों की खोज की जा चुकी है। पिकरिंग को बाइनरीज़ का एक ऐसा वर्ग देखने को मिला, जिसमें दोनों जुड़वां में से एक तारा दूसरे की अपेक्षा बहुत अधिक चमकता है-जैसे सीरिअस। इनकी गति को एक स्पेक्ट्रोस्कोप की सहायता से मापा जा सकता है। इन्हें स्पेक्ट्रोस्कोपिक बाइनरीज़ कहा जाता है। इनमें से लगभग 520 की खोज की जा चुकी है।

सिरिअस

तीसरा जोड़ा एक अलग सिस्टम बनाता है। इनके अन्वेक्षण से गुडरिक का नाम जुड़ा है। ये एक्लिप्सिंग बाइनरीज़ हैं। जैसा कि नाम से ही प्रतीत होता है, दोनों तारे समय-समय पर एक-दूसरे पर ग्रहण लगाते हैं। इसमें एक तारा दूसरे तारे के कुछ या फिर पूरे भाग को छिपा लेता है। आधे घूर्णन के बाद दूसरे तारे की बारी आती है यह पहले छिपा हुआ था अब यह अपने साथी-तारे का ग्रहण लगता है। करोड़ों वर्षों से यह खेल बिना किसी रूकावट के चलता आ रहा है। वेरिएबल्स के लिए प्रायः यह भ्रम बन जाते हैं। कितना अद्‌भुत लगेगा, यदि इन्हें नज़दीक से देख पाना संभव हो!

इसके अलावा अगर ध्यानपूर्वक अध्ययन किया जाए तो आपको तिहरे और चौहरे तारे भी देखने को मिल सकते हैं। इसके तीन या चार तारे परस्पर गुरुत्व बल के बंधन में बंधे होते हैं। ऐसी कई तारा-प्रणालियां तारों के बीच होती हैं और नग्न आँखों से दिखाई पड़ती हैं। अनोखी बात यह है कि तीन या चार तारों के कुछ समूहों का परिचारक एक दूरस्थ तारा होता है, जो स्वयं जुड़वां तारे का एक हिस्सा होता है। ये

'स्टार कलस्टर्स' तारों के बड़े समूह हैं जिसमें इनकी गति और मूल स्थान एक ही होता है, गुरुत्वाकर्षण बल द्वारा जुड़े ये तारे सैकड़ों की संख्या में होते हैं।

पाँच या छह तारों एक असामान्य सिस्टम बनाता है, जिसमें ये सब तारे गुरुत्व बल के एक ही केंद्र के चारों ओर घूमते हैं। यह एक बहुलक-प्रणाली के नाम से जानी जाती है। किस प्रकार के खेल ये तारे खेलते हैं! इन्हें देखना कितना रोचक लगता होगा?

तारों का ऐसा एक अन्य सामूहिक सिस्टम 'स्टार कलस्टर्स' तारों का समूह कहलाता है। ये समूह बहुत बड़े होते हैं, जिसमें सैकड़ों तारे गुरुत्वाकर्षण बल द्वारा एक-दूसरे से जुड़े रहते हैं। इनकी गति और मूल स्थान एक ही होता है। ऐसे कुछ कलस्टर्स की चौड़ाई 30 प्रकाश वर्षों से अधिक हो सकती है। इनकी स्थिति 500 से 20000 प्रकाश वर्ष तक दूर होगी। टिमटिमाते इन तारों की दुनिया अनोखी-सी लगती है और देखने पर ये असंख्य तारे मन में उत्सुकता पैदा करते हैं।

आइये, चलते-चलते अंतरिक्ष के इस बाहरी हिस्से में एक अंतिम पिंड के बारे में जानें। ये कुछ अजीब-से हैं और इनमें कई पहेलियां छिपी हैं। सन् 1963 में ये पहली बार दिखाई पड़े थे। ये दिखने में तो तारों जैसे ही लगते हैं पर ये तारे नहीं हैं। वैज्ञानिकों ने इन्हें 'क्वासर्स' का नाम दिया है, ये 'क्वासी-स्टीलर रेडियो सोर्सेज' अर्थात् अर्ध-तारामंडल के रेडियो स्रोत। क्वासर्स की आकृति तारों के समान होती है और ये अपने क्रोड़ में तीव्र ऊर्जा पैदा करते हैं लेकिन कम मात्रा में। यही ऊर्जा क्वासर में सैकड़ों बड़ी गैलेक्सियों से भी अधिक चमक पैदा करता है। इसीलिए ये भ्रान्ति उत्पन्न हो जाती है कि क्वासर हमारी गैलेक्सी अर्थात् आकाशगंगा के तारे हैं।

बल्कि ये अजनबी पिंड खगोलशास्त्रियों द्वारा अन्वेक्षित सबसे दूरस्थ पिंड हैं। क्वासर्स मनुष्य को ज्ञात ब्रह्मांड के बाहरी सीमांत क्षेत्र में स्थित हैं। ऐसा माना जाता है कि इनकी दूरी लगभग 8 अरब प्रकाश वर्ष है। यदि आप किसी क्वासर को देख रहे हैं, तो ये मान लें कि उसकी जो रोशनी आप देख पा रहे हैं वह 8 अरब वर्ष पहले वहां से चली होगी। अर्थात् उस समय तक तो पृथ्वी पर सभ्यता का उद्भव भी नहीं हुआ था। और तो और चौंका देने वाला तथ्य यह है कि ये अनोखे खगोलीय पिंड लगभग प्रकाश की गति से ही हमसे दूर अंतरिक्ष में बढ़ते जा रहे हैं। अब तक 3,500 क्वासर्स की खोज की जा चुकी है। ये सब एक्स-रे, इंफ्रा-रेड और रेडियो किरणों के शक्तिशाली स्रोत हैं।

अंतरिक्ष से वापिस घर की ओर

अगर आप अंतरिक्ष की आंतरिक गहराईयों में जाएंगे तो आपको और भी बहुत से अजूबे देखने को मिल सकते हैं। फिर आप रिचर की उस जर्मन कविता के फरिश्ते की तरह चिल्ला उठेंगे, नीचे उसी कविता का हिन्दी अनुवाद है:

ईश्वर के इस ब्रह्मांड का कोई अंत नहीं है
और देखो, इसकी तो कहीं शुरूआत भी नहीं है!

अद्‌भुत सौंदर्य और चमक-दमक से भरे तारों के इस जहां को छोड़ कर जाने का शायद आपका मन न हो, लेकिन हमें जाना तो पड़ेगा ही। अंतरिक्ष की हमारी ये यात्रा यहीं समाप्त होती है। इसीलिए आइये, इन तारों और खगोलीय पिंडों से विदा लें! अब आप अंतरिक्ष और तारों की इस हसीन दुनिया में घूम चुके हैं, इसीलिए जब भी आप तारों की ओर देखेंगे तो आपको सिर्फ दोहराने की नहीं बल्कि इस कविता में अर्थ को शामिल करने की आवश्यकता है:

जो भी कुछ हम जानते हैं वो थोड़ा है, और जो अभी जानना बाकि है वो असीम है।

'ट्विन्कल ट्विन्कल, लिटिल स्टार' अब इसमें जोड़िये:
शाइन, शाइन जाइंट स्टार
वी नाउ नो व्हाट यू आर!
अर्थात् – वो चमका, वो चमका, वो तारा चमकने चला
अब हम ये जानते हैं कि वास्तव में ये क्या है बला!

प्रकृति की यथार्थता और हमारे इन खगोलीय पिंडों और तारों की महानता के बारे में हमने बहुत कुछ जान लिया है, लेकिन इसके कई रहस्यों को जान पाना अभी शेष है। लाप्लेस ने अपने अंतिम दिनों में मृत्यु-शैय्या पर कहा था "जो भी कुछ हम जानते हैं वो थोड़ा है, और जो अभी जानना बाकि है वो असीम है।"

खगोलशास्त्रियों ने भी यह जान लिया है कि जैसे-जैसे नए अन्वेक्षण होते हैं, ब्रह्मांड के रहस्य और गहराते जाते हैं। प्रॉक्टर ने शायद सही कहा था "वर्षों के हमारे अनुभव ही हमें अंतरिक्ष के बारे में इतना कुछ बता पाए हैं और हमारी ये जानकारी ब्रह्मांड की विशालकायता, इसके ढांचे की जटिलता और इसके विभिन्न भागों की चमक की अनंत वास्तविकताओं से अभी भी काफी दूर है।"

मनुष्य आज भी अंतरिक्ष के बारे में अधिक-से-अधिक जानने में जुटा है। आप में से बहुत से ऐसे होंगे जो खगोल-विज्ञान को अपने करिअर के रूप में भी चुनेंगे। कई रहस्यों को सुलझाते हुए अंतरिक्ष के ज्ञान-क्षितिज का और विस्तार करेंगे। खगोलशास्त्री और गणितज्ञ आर्थर स्टेनले एडिंगटन (1882-1944) कहते थे "वैज्ञानिक-उन्नति के प्रत्येक चरण ने अभूतपूर्व योगदान दिया है। मेरी आशा है कि आने वाली पीढ़ी उन तमाम जानकारियों का खुलासा करेगी जो अभी भी रहस्य हैं। ब्रह्मांड की वर्तमान जानकारियों के समान उसमें कोई भ्रम या संदेह भी नहीं होगा...।" ढेर सारी चुनौतियों के साथ अंतरिक्ष आपका इंतज़ार कर रहा है...चले आइये!

ईश्वर के इस ब्रह्मांड
का कोई अंत नहीं है,
और देखो, इसकी तो कहीं
शुरूआत भी नहीं है!